新・経営者心得帳

変化して良いもの、
変化してはいけないもの

「経済界」主幹
佐藤正忠
Sato Seichu

経済界

新・経営者心得帳

はじめに

経営とは、観念ではない。現実である。かつ実践である。

経営者は、いったいこの激動の時代に、どう考え、活動行動しなければならないか――。これまでと同じ考え方で経営していくと、たちまちその企業は転覆《てんぷく》していく。その時代に合った経営をしていかなければならないのである。経営とは、「時代の流れと共に変化していく技術」なのである。

私は小さいながらも、株式会社経済界という企業を創業した。経済雑誌『経済界』を発行し、経済界倶楽部を運営し、ビジネス書を中心に発行する出版事業を行なっている。昭和三十九年（一九六四年）の設立だから、社史はようやく半世紀を刻もうとしている。

はじめのころ、私はあまりの経営の苦しさに、なぜ自分だけこんな苦労をしなければならないのか、と嘆《なげ》いたことがあった。しかし、じっと耐えて経営しながらペンをとっているうちに、経営とは何かということが、体でわかってきたのである。

経営とは、年商一千億円の企業も、百億円、十億円の企業も同じなのである。ささやかであっても、この経済界の経営をしてきて本当によかったと思っている。

私はかつて、毎日のように日本のトップの経営者に会っていた。

そのなかには、いまでは伝説となったような名経営者が多くいた。松下幸之助《まつしたこうのすけ》、永野重《ながのしげ》雄《お》、平岩外四《ひらいわがいし》、小山五郎《こやまごろう》、瀬島龍三《せじまりゅうぞう》、磯田一郎《いそだいちろう》、若狭得治《わかさとくじ》…などである。最近ではソフトバンクの孫正義くんがいる。

彼らのナマの声を聞き、ペンを走らせてきた。私は学者ではない。一介のジャーナリストである。最近、つくづく思うことは、経営とは〝学問〟にはなり得ないということである。経営とは理論ではなく、あくまでも実践なのである。

――この激動の時代、生き方によっては道は拓《ひら》けるし、先にいくらでも希望を持つこともできる。ただし、ギアを変えないといけない。ときに経営手法も変えなければならない。反面、いかなる時代になろうとも変えてはならない、変わらないものもある。

それらのことを、かなり思い切って書いたつもりである。

登場する経営者は、前記の伝説的な人ばかりだが、温故知新《おんこちしん》と考えて読んでいただきたい。そして共感するところが少しでもあれば、明日から、いや今からでも、ぜひあなたに実践していただきたいのである。

人間は一冊の本によって、人生そのものが変わるときがある。この書が、あなたの人生を変えることに役立つならば、著者として望外《ぼうがい》の幸せである。なお、文中の敬称は略させていただいた。

二〇一三年　初夏

佐藤《さとう》 正忠《せいちゅう》

新・経営者心得帳◉もくじ

第一章

時代をいち早く掴《つか》んでいるか

第二章

祖業を忘れてはいないか

第三章
後継者をいかに育てるべきか

第四章

仕事だけの人生であってはならない

第五章

自分の心をどこに置くべきか

装幀　岡 孝治
編集協力　エディット・セブン

第一章

時代をいち早く摑《つか》んでいるか

危機との闘い方を知っているか

会社を経営していると、思わぬ危機に直面することがある。

経営者にとって大切なことは、この危機のとらえ方である。つまり、政治が悪いといって嘆いたり、人のせいにしたりするか、あるいは逆に、素直に起きた事実を肯定して、逆にチャンスと考え、コストダウンを図り、新しい局面に対応していくか、ということである。当然、後者が勝利者となることは間違いない。

これは松下幸之助もいっていることだが、人間は〝困った〟と思った瞬間、知恵が出なくなる。もしあなたが、現在の状況を困ったことだと思っていたら、間違いなく本当に困ることになるだろう。

かつて瀬島龍三《せじまりゅうぞう》は、難局に直面したときの経営者の心構えを、私に語ってくれたことがあった。

ご存知のように、瀬島は陸軍幼年学校、陸軍大学を首席で卒業後、大本営の陸軍参謀として活躍。その後、シベリアで抑留生活を送り、昭和三十一年に帰国。三十三年からは伊藤忠商事の航空機部門に嘱託として入社。業務本部の最高指揮官として頭角を現わし、〝伊藤忠に瀬島あり〟と恐れられた。その後、会長職を最後に相談役に退き、土光臨調《どこうりんちょう》（第二次臨時行政調査会）の参謀役として活躍したことはよく知られている。

この瀬島が、難局に直面したときの経営者・指揮官の心構えとしてあげたのは、次の三つである。

①以前のように景気が回復するだろうという腰の甘い経営をやめる。
②あらゆる面で自分の足元をきちっと固める。
③時代の変化を先見して、毎日の問題（たとえば商品や技術の開発）を常にやっておく。

つまり瀬島がいっていることは、景気がいつかよくなる、〝夢よもう一度〟という考えを捨てろ、ということなのである。瀬島は、

「今や日本経済は、世界経済とは別個のものではあり得ない。世界経済の流れを見ると、よくわかる。第一次オイルショック前までは、日本経済も十パーセント以上の高度成長だった。ところが第一次オイルショックがあって、日本を除く世界経済はすぐ二～三パーセ

ントぐらいの低成長に入ってしまった。一方、日本は〝中二階〟があった。まず五〜六パーセントという〝中二階〟に下がって、それから二〜三パーセントにダウンしていった。つまり日本はワンクッション置いて、さらに低成長時代に突入したわけです」

といった。瀬島がここでいっている〝中二階〟という意味は、輸出の伸長と国の財政、つまり赤字国債によって景気を支えてきたということである。

ところが、円高により輸出は抑えられ、国の財源もなく、景気を支える基盤が、まったくといってよいほどない状況が続いたのである。

これからは何かの状況で、かってのように産業全体の景気が上向くという考えは持てない。現在の状態がこれからも続くと考えたほうが間違いない。

瀬島も「一〜二年我慢していればよくなるだろうという甘い考えは捨てて、寒い冬の海にズボッと入るという情勢の認識をすることが必要ですね」といっている。

ここは瀬島がいうように、冷たい海にドップリつかる覚悟を、経営者自らが決めることである。その覚悟ができれば、知恵も出てくるというものである。

ここで私のことをいわせてもらえば、私は昭和五十四年（一九七九年）に脳卒中という病気で倒れている。それ以来、半身不随である。倒れた当初は、嘆き、苦しみ抜いたものである。しかし、二ヵ月、三ヵ月と経過するうちに、考え方が変わってきたのである。もし嘆き、悲しむことで病気がよくなるのならば、悲しみ、嘆こう。だが、そうしていると滅入《めい》ってしまって、もう精神的に参ってしまうのである。

そして、ある朝、それこそ翻然《ほんぜん》と悟ったのであった。

それは、起きたことは素直に肯定しよう、ということであった。すると不思議に心が明るくなって、前途に希望の光が見えてくるのであった。私は苦しみ嘆くことより、一歩でも二歩でも歩く努力をしよう、と思うようになってから再起のきっかけをつかみ、現役復帰の道を歩きだしたのである。

私の再起の糸口となったこの人生観は、何ごとにも応用できるのである。思えばここに到達するまで、随分と長い時間を費やしたが、得難い体験をしたといえるのであった。そして、現役に復帰した私に、さっそく危機が訪れたのであった。

ピンチこそ最大のチャンスである

私が現役に復帰して、陣頭指揮をとり始めた昭和五十七年（一九八二年）十月一日、商法改正が施行された。私にとって、病気という危機に勝るとも劣らない出来事であった。その瞬間から、上場企業からの一切の雑誌広告が途絶えてしまったのである。

これは私どもの『経済界』を含め、『東洋経済』『ダイヤモンド』『財界』など大手にとっても大打撃であった。かくして、古い歴史と名のある経済誌が続々と廃刊に追い込まれていった。人ごとではないのであった。いわば糧道《りょうどう》が断たれたのである。

病後三年目であった。体力も充分回復していない状態であった。私はやむを得ず合理化に踏み切ったのである。希望退職者をつのり、会社の体質をスリムにした。私にとってもそれは断腸の思いであった。私の可愛がっていた優秀な記者が、「主幹、お体だけは大切にして下さい」といって去っていった。心の中で泣いた。

だが泣いてばかりはいられない。私は、「なにくそ！」と思った。ことばは悪いが、まさにこの表現のような心境であった。そこで時代に合わせて、人材スカウト部門を新たに設立したのである。さらに、企業の買収・合併、最近のことばで表現すればM＆Aのコーディネイトをする部門もつくった。

さらには、企業および経営者のどんな悩みにも応えられる、〝企業の駆け込み寺〟ともいうべき部門をつくった。それぞれ責任者を据えて、仕事を始めていった。ところが、これが〝時流〟に乗り、順調に業務が拡大していったのである。つまり社会の需要に応えることができたのであった。それまでの私どもの会社は、雑誌と書籍を出版している出版社であった。私は出版社から〝情報商社〟へと百八十度の転換を図ったのである。

時流に乗るとは恐ろしいもので、この三つの部門は、ものすごいスピードで伸びていったのである。幸い『経済界』という信用のある媒体をもっていることも有力な武器となった。企業収益も順調にアップしていった。もし出版社としての活動だけにとどまっていたなら、今頃は、大変なことになっていたであろう。出版業界も今や構造不況業種になってしまった。

私は、危機を逆手にとって攻めていくと、そこに思わぬ道が拓けていくものだ、ということを体験したのである。私どもの会社には幸いなことに、情報という経営資源があった。それを活用することにより、経営の基盤が広がったのである。


私の人生のピンチは、これ以前にも何度かあった。最初のピンチは、『経済界』の前身である『フェイス』を創刊して二年目に訪れた。

当時、雑誌『フェイス』は、小泉信三《こいずみしんぞう》先生に巻頭言を書いていただいたこともあり、小さいながらも注目されていた。当時、小泉先生が原稿を書いていたのは、『文藝春秋』と私どもの『フェイス』だけであった。文春といえばもう誰でも知っている天下の出版社である。ところが『フェイス』は、まだこれからの雑誌であった。私は、もうそれこそガムシャラに働いた。

だが、私はまだ若かった。気がついたときには、経理部長が一億円に近い手形を振り出していたのである。

当時私は、新進経済評論家といわれていた。その経済評論家の経営する企業が不渡りを出したとあっては、マンガである。当時の一億円といえば、現在なら軽く十倍に見積っても十億円である。私はもう必死になって、その一枚一枚を落としていった。手形というものは、極端なことをいえば、一円足りなくても不渡りとなる。

私は、毎朝、決死の思いで出社して、会社を駆けずり回り、応援してもらって、営業収入で手形を落としていった。

そのとき、自分の決心を固めるために、ある宗教の教会に毎朝五時に通い、お祈りをした。教会の礼拝は、朝六時に始まる。私は百日の願をかけた。

私は当時、吉祥寺に住んでいた。冬の寒い朝、私は吉祥寺から電車を乗り継いで三河島まで通った。その生活を私は百日間続けた。祈ることといえば「今日の手形が無事落ちますように……」ということである。現実的といえば、これ以上現実的なことはない。だが、それが私の真実の心であった。そして、とうとう百日目に手形を一枚残らず落としたのであった。

私がそのとき得た教訓は、「手形はいっさい出すまい。借金はすまい！」ということであった。その後、無借金主義でやってきたのも、そのときの苦い体験があったからである。そしてそれが商法改正のピンチのときも生きたのである。

まだある……。私は昭和四十四年（一九六九年）十二月二十七日の衆議院総選挙に、郷里の秋田二区から出馬した。約二年間の運動期間を経て、選挙戦に臨んだのである。

私は当時、四十一歳であった。体力もあり、若かった私は、それこそ全力投球をして、この選挙戦を戦い抜いた。これに当選すれば、政治家として生きようという決意であった。ところが結果は次点で落選であった。結果が判明した瞬間、眼の前が真っ暗になったことを、昨日のことのように思い出す。一千票余りの差であった。しかし、落選は厳しい現実であった。私の政治家への夢は、こうして破れた。ところが、これだけでは済まなかったのである。

選挙というのは、落選すると選挙違反が続出する。私の場合もそうであった。私は陣営の出した選挙違反に巻き込まれ、暗い独房にぶち込まれていく。

私は出所後、再び上京し、休刊していた『フェイス』の復刊に踏み切った。それから長い歳月、選挙違反の裁判が続いた。しかし、そのハンディが、逆に、この雑誌を何としてでも一流の雑誌に育てていこう、という原動力となったのである。その後『経済界』と改題して、私は全力投球していく。そして、短期間のうちに、名実ともに一流経済誌としての地位を築いていったのである。

そんな一夜、永野重雄を囲む集いがあった。オーナー経営者が、七、八人集まっていたのであった。永野は、「ついては正忠君、キミが短期間に経済界をここまで伸ばした秘密は何かね?」といったのである。私は「あの選挙戦で戦ったのと同じ努力で、経済界の経営に打ち込んだのです」といった。永野は、「今までねえ……」とタメ息をつくようにいったのであった。私は続けて、「永野さん、あの苦しい選挙戦を戦うのと同じ努力をしたら、どんな仕事だって成功しますよ」といった。

私は、朝の五時から夜は十二時まで、選挙活動を繰り広げたのである。永野は、「すると、正忠君にとって、選挙に敗れたことも無駄ではなかったということだね」といった。私は「そうです」と答えたのであった。

人生には、まったく無駄ということがない。一見、無駄と思えることも、長い眼で見ると無駄でなく、実はいろいろな肥やしとなって、その人間を育てていることがわかるのである。そう考えると、ピンチと思えることが実はチャンスであり、チャンスと思えることがピンチになることがある、ということがよくわかるはずである。

どんな問題も前向きに考えるべし

経営者たるもの、どんな状況にあっても物事を後ろ向きに考えてはならない。常に前進、また前進である。

もう随分と前のことになる。住友銀行（現・三井住友銀行）が、安宅産業《あたかさんぎょう》という、住友がメインバンクになっていた商社の倒産危機に直面したのであった。これが世にいう安宅産業事件である。何しろ総合商社なので、倒産ともなると、国際的にもその影響は甚大であった。そこで政府の協力も得て、伊藤忠商事《いとうちゅうしょうじ》と合併するということで、このピンチを切り抜けたのであった。

ときの住友銀行の最高指揮官は、当時は副頭取の磯田一郎《いそだいちろう》であった。磯田は妻子を大阪・豊中の自宅に残し、単身ホテルに部屋をとって陣頭指揮をとっていたのである。

私は、ある日、磯田を慰労したいと思い、ときの日商会頭永野重雄に相談にいった。永野は、「宴会なんかより、ゴルフがいいよ」といった。私はさっそくコーディネイターとなって、スケジュールを調整して、初秋の箱根カントリー倶楽部でゴルフ会をしたのであった。

この日の主役は磯田一郎。副頭取といっても、中央ではまだ無名であった。その他、そうそうたるメンバーが集まったのである……。永野重雄、大槻文平《おおつきぶんぺい》、江戸英雄《えどひでお》たちである。普通なら堅くなるところだが、磯田は、もう悠々とドライバーショットを打ったのであった。なかなかどうして、大変な心臓の持ち主であった。

その磯田が、やがて頭取になっていく。当然のことであった。そして、二千億円近い金を安宅のために、まるでドブにでも捨てるように捨てたのである。普通の企業ならば、当然、倒産である。銀行でも資金量の少ない銀行ならば、取りつけ騒ぎが起こるところである。住友にとっても大変な出血であった。ところが磯田は、その出血を逆手にとって、攻め、攻めの一手で、収益力日本一の銀行に復活させたのである。だからこそ磯田は、最も権威のある「バンカー・オブ・ザ・イヤー賞」に選ばれたのであった。

たとえば、東洋工業（現・マツダ）、アサヒビール、大昭和製紙（現・日本製紙）などなど、住友がメインバンクになっている企業は、金、人で徹底して〝前向き〟に解決していった。一度も後ろ向きに考えたことがなかった。

当時、磯田の部下で元常務だった河村良彦は、「磯田さんは、どんな部下でもいい点を見抜いて、使いこなしていく方です。頼れる方です。磯田さんがいなければ、今日の住友はありません」というのである。

河村は、住友の中ではノンキャリアであった。大学を出ていないのである。山口高等商業学校を出ただけで、住友に入社したのである。学歴なしというハンディを背負いながら、常務にまで昇進したのだからただ者ではない。河村は、「じっと耐えることを学びました」といっている。それも磯田という、よき上司にめぐり会ったからこそ常務にまで昇っていったのであった。

磯田は、どんな問題でも前向きに解決する。では、そのルーツはどこにあるのか……。

磯田は、京大の出身である。東大でないところをみると、必ずしも抜群の秀才ではなかった。しかも、学生時代はラグビーにあけくれていた。「今でも、ああ今日は試験でなくてよかった、という夢をみるんです」と笑う磯田である。勉強をする時間がなかったまでのことである。

磯田にはラグビーの突進していく敢闘精神《かんとうせいしん》が骨の髄までしみとおっている。ラグビーという競技は、後ろに下がったら負けである。前へ前へと突っ込むことにより勝利が得られる。

磯田は、頭のいい、線の細い秀才ではなかった。図太い、敢闘精神の旺盛な若者であった。そのラガーの精神が銀行の首脳となっても、いかんなく発揮されていた。あの平和相互銀行の合併にしても、磯田だからこそできた大荒業であった。「やるか、やらないか……」というとき、磯田はやり抜く。そこに磯田住友銀行の強みがある。

だが、敢闘精神の権化《ごんげ》のような磯田は、非常に冷静な面も兼ね備えている。住友銀行副頭取やアサヒビール社長、会長をつとめた村井勉《むらいつとむ》が若い頃の話をしている。

「磯田会長には、若いときの思い出話がありましてね。昭和二十六、七年頃、新三品（大豆、ゴム、皮革）が暴落した。それで商社が傾いた。その再建問題の会議が大阪の営業部であった。その重役会に、私らヒラが説明に出たんです。浅井孝二相談役が、村井君に説明させますといわれて、在庫の状態はどうかということになった。私は、分かりませんと答えたので、座がシラケてしまった。そのとき磯田さんに、村井君は正直だ、あれだけの大きな会社の在庫が、そう簡単に分かるはずはない、とスラリといっていただいた」

その頃から磯田には、人間としての風格があった。それが多くの部下に信頼される重要な要素となったのである。

経営者として〝徳〟を積んでいるか

全日本空輸の若狭得治《わかさとくじ》もピンチに屈しない経営者の一人であった。若狭は、ロッキード事件という不幸な事件の渦中に巻き込まれたのであった。自らも逮捕され、刑事被告人となっていく。一審、二審とも有罪であった。

普通ならば、これだけ不名誉な事件に巻き込まれ、しかも有罪となった場合、その企業から追放されても不思議ではない。ところが全日空という企業は、断固として若狭を守ったのであった。

若狭が、なつかしい全日空本社に出社したときに、全社員は拍手で若狭を迎えたのであった。なぜか……。それは全日空という企業が若狭を必要としていたからであり、全日空社員が心から若狭を信頼していたからに他ならない。

若狭が当時の運輸次官を最後に全日空入りするまで、全日空は一中小企業でしかなかった。路線が少ないうえに、しょっちゅう事故を起こしていた。ところが若狭が全日空に入ってからというもの、その持ち前の馬力と積極経営で、ぐいぐい業績を伸ばしていく。ホテルにも進出し、札幌、福岡、沖縄にも堂々たるホテルをつくっていく。東京にも六本木の一等地につくったのである。

ライバルであるＪＡＬ・日航が、過当競争に負けて低迷しているうちに、若狭は全日空を伸ばしに伸ばしていったのである。そして、一方では若狭は、個人的には非常に質素な生活を送っている。一例をあげるなら、若狭の住居は、運輸次官を退職してから求めた府中の建売り住宅であった。

若狭のその生き方、考え方が全日空の社員の心をとらえたのである。若狭は、ロッキード事件という不幸な体験を逆手にとって、そのエネルギーを経営に集中したのである。もし若狭という人物がいなかったら、果たして今の全日空があったかどうか。ハッキリいって否である。

若狭は過去に、二度、三度と死線を彷徨《さまよ》い続けている。肺病になって吐血したのである。死線を彷徨いながら、若狭という人間が鍛えられ大きくなっていったのであった。

私は、これまでに若狭と何回かゴルフをしている。若狭のゴルフは、お世辞にも上手とはいえない。だが、いかにも男性的なゴルフなのである。もう思い切りボールをかっとばしていく。

私はかつて夕刊フジに「人間グリーン」という連載記事を執筆したことがあった。それは回数にして、はるか百三十回にも及ぶものであった。私はその中の一人に若狭を選んだ。ここで、そのときの若狭の記事を紹介しよう。そこには、ゴルフを通して若狭の人間性が現われているはずである（原文のママ）。

「初秋の箱根カントリー倶楽部。若狭氏と永野重雄氏、本田技研社長・河島喜好《かわしまきよし》（現・取締役最高顧問）氏らとプレーしたことがあった。わが〝同期の桜〟河島氏もかなりのロングヒッターだが、若狭氏のドライバーはダントツ。フォームはまるで鍬で田を耕すお百姓さんのように不格好だが、とにかく力強いショットを放つ。ゴルフは、その人間の一面が出るスポーツである。全日空が若狭氏を運輸省から社長に迎えてから、躍進につぐ躍進を遂げた秘密の一端が、そのショットからうかがえるような気がした（以下略）」

このような豪放な人柄に加えて、若狭は無類の世話好きなのである。あのいまわしいロッキード事件で逮捕される直前まで、旧・運輸省ＯＢの就職の世話に飛び歩いていた。

若狭は、逮捕される前日、東亜国内航空（現・日本航空）会長の田中勇《たなかいさむ》らと、夜遅くまでマージャンの卓を囲んでいた。その田中は私に、

「若狭君は無罪だよ。なぜって、本当に悪いことをしていたら、あんなに平然とマージャンができるかね。しかも、僕からガッポリせしめているんだよ」

と、若狭逮捕のニュースが入った直後に語ってくれた。

ミスター興銀といわれ、新日本証券（現・みずほ証券）の会長から相談役になった菅谷《すがや》隆介《りゅうすけ》は、

「若狭さんは、法律的にはどうか知らないが、社会的には完全に無実の罪ですよ」

といい切っている。

普通の人間なら、あれだけマスコミに叩かれたら、とっくに企業からも社会からも、はじき出されていたであろう。だが若狭は、そうはならなかった。それは、若狭という人間に〝私心〟がなく、徳があり、力があるからであった。要するに人間が本物なのであった。

本物というのは、たとえ一時的に、いかような苦難にあおうとも、必ずそれを跳ねとばして立ち直っていく。私は、若狭にもその生きざまを見たのである。若狭も偉いが、逆境に立たされた若狭を、温かく支えた全日空の人たちにも敬意を払いたいのである。

結局、経営者が部下の信頼を勝ちとるのは、最後はその人の人間力で決まるのである。この人間力とは、その人の人間性を含めた徳を意味する。経営者として徳を積んでいるかどうか……。そこがポイントになる。

このことは、個人や企業だけではない。国も同じなのである。

私たちの日本も昭和二十年八月、徹底的に破壊されてしまった。だが、国破れて山河あり、であった。私は当時十七歳で、郷里の秋田県で小学校の代用教員をしていた。それから上京した私が見たものは、破壊され尽くした日本であった。当時、誰が、日本が再び復活すると予想したであろうか。

ところがどうだろう。今では世界トップクラスの経済大国になったのである。考えてみれば、あの不幸な戦争があったから今があるともいえる。戦争はなければないほうがよい。だが、負けたことをいつまで悔やんでも仕方がない。立ち直ることに努力したから現在の日本があるのだ。

経営も同じである。ピンチをチャンスに変えていくことが大切なのである。そのためには、順調なときも油断なく、目くばり、心くばりを怠《おこた》らないことが大切である。

時代に順応できなければ経営者失格

大きな変化は誰にでもわかるが、小さな変化は眼につかない。

経営者は、そんな誰もが気がつかない小さな変化を見逃さないことである。それには時代の変化に敏感でなければならない。経営というものは、ある意味では時代の流れに順応する技術ともいえる。

時代の流れに上手に乗っている企業は伸びている。反対に逆行している企業は、没落する運命をたどっている。ではどうすれば時代の流れをキャッチできるのか。実は、これがトップには難しい問題なのである。

だいたい経営者の生活といえば、朝、自宅に迎えの車がくる。その車で会社にいく。会社にいくと、秘書が一日のスケジュールを伝え、そのスケジュールに沿って、まるでオートメーション工場の製品のように一日が終わる。

そして夜になると宴会があり、酒を呑む。日曜日になると、決まったようにゴルフ場に向かう。このように自宅から会社、料亭、ゴルフ場というコースを、ただ機械のように往復しているだけでは、時代にとり残されてしまう。

時代はどんどん変化している。すでに国中が無国籍のような若者の遊び場になってしまっている。だが、これを嘆いてはならない。現実を素直に認め、そこから時代の動きをキャッチすることである。


私が提唱者になって、一部上場の社長たちが、毎月一回、ホテルで会合をもったことがある。夕刻五時から始めて、六時には終わるという一時間主義の会合だった。そのメンバーは約八十名。業種もいろいろであった。

スピーチ時間も短いのが特徴であった。ゲストスピーカーで三分間、会員の発表が一分間。そのことからして評判をよくしている。スピーチは短ければ短いほど効果がある、というのが私の持論である。

かつて私は、この会合で、「時代を読むにはどうすればよいか?」といったテーマで、二分間話したことがあった。その趣旨は、①真剣に仕事に打ち込む。②ベストセラーになっている本は必ず読む。③異業種の人たちと交遊を深め、そこから情報を得る。以上の三点を強調したのである。

これは、経営者だけでなく、普通のビジネスマンにとっても必要である。常に先を読み、時代を先取りする。それが企業を発展させる秘訣である。

たとえば、目下、うけに入っているのが東京ディズニーランドである。何しろオープン以来、最近では毎年二千万人以上の人たちが入場しているというのだから大成功である。それまで、日本の代表的な遊園地でも年間百万~三百万の入場者数であった。それと比較すると、いかに二千万人という数字が大変なものであるかわかる。

東京湾の埋め立て地である浦安で、このプロジェクトが計画されたとき、誰も成功するとは予想もしなかった。何よりも、アメリカの本社に七パーセントのロイヤリティを払うという契約自体、従来の日本のレジャー業界では考えられないものであった。事業として果たして成り立つのかどうか、危ぶむ声が起こったのも当然であった。オーナーは三井不動産であった。その三井不動産もこれに反対していた。

しかし私は、事業として立派に成功するだろうと思っていた。なぜならば、〝遊ぶ〟ということは、時代の流れだったたからだ。これまでは、日本人にとって、遊ぶことは罪悪だったが、時代が変わり、遊ぶことが悪ではなくなった。

大人も子供も遊ぶ場所がない。私は、大人も子供も楽しめる本格的なレジャーランドができれば、かなり成功するのではないか、と予想していた。そして、私の予想以上に成功したのである。

この大プロジェクトを推進したのが、当時、株式会社オリエンタルランド社長だった高《たか》橋政知《はしまさとも》。三井不動産会長の江戸英雄の子分を自称する熱血漢であった。もしこの高橋がいなかったら、東京ディズニーランドは誕生しなかったであろう。それほど高橋は、周囲の反対を押し切って強引にこの事業を推進したのである。

高橋は色浅黒く、一見して線の太い経営者である。父は台湾総督府の総督をしていた。「僕は役人の息子でしてね」という。東京大学を出てブラブラしているときに、江戸英雄と出会った。この出会いがルーツとなる。

江戸は、「高橋君がいなかったら、今日のディズニーランドはありませんよ。偉い男ですよ。高橋君は、まったく私欲のない男でね」といっている。江戸が「東京湾の埋め立ての仕事を手伝ってくれよ」と高橋を誘ったのが、そもそもこの仕事の発端であった。

高橋は、「僕が酒飲みであることを、江戸さんが知っていたからでしょう」と笑っていたが、酒が強くなければ、荒くれ漁師との交渉はとても無理である。高橋は、その豪放な人柄と酒の強さで、たちまちのうちに漁師と仲良くなってしまった。そして、千葉県から払い下げられた土地に、ディズニーランドを誘致したのである。

高橋は、「これができるについては、いろいろ恩人がいるんです」といった。一人は前述した江戸英雄、二人目はオリエンタルランド初代社長の川崎千春《かわさきちはる》、三人目は新日本証券(現・みずほ証券)相談役の菅谷隆介の名をあげた。当時菅谷は、ミスター興銀といわれ、日本興業銀行(現・みずほフィナンシャルグループ)副頭取であった。どこの銀行もソッ気ない返事をしていたときに高橋に共鳴、「よくわかりました……」といって協力の第一号となった。なにしろ天下の興銀である。他の銀行も右へならえで、あっという間に資金融資が決定してしまった。菅谷は、この高橋を評して、「あの人は、どこかスケールが大きくて、チャーミングなんだな。一肌脱いであげようという気持ちを起こさせるんですよ」と語っている。

東京ディズニーランドは、毎年、アメリカ本社に五十億円以上のロイヤリティを払いながらも、キチッと利益を上げている。年間二千万人の入場者のうちの一割は、東南アジアやその他からの外国人観光客である。今や東京ディズニーランドは、日本を代表する観光地になってしまった。

「でもね、ちょっと気を緩めると、危険なんですよ」と高橋はいう。これまで遊園地というと、鉄道会社が片手間にやるものだという印象が強かったが、高橋は、見事にこれを払《ふっ》拭《しょく》したのである。菅谷も、「高橋さんだから成功させたんですね。企業は人ですよね……」といっている。

高橋は、この東京ディズニーランドの成功を、「一つはディズニーという名前でしょう。それと安全・清潔、そして従業員を含むシステムが優れていたということでしょう。ディズニーランドには、自動販売機が一つもないんですよ。すべて人から人へというポリシーなんです」と語っていたが、高橋はディズニーランドを愛している。しかも、体を張っている。体を張る者に恐いものはない。高橋の話を聞いていると、この事業に賭ける高橋の情熱がビンビン伝わってくるのである。

私は、高橋とは一度は浦安にあるオリエンタルランド本社で、二度目は来訪を受けて話しているが、土と海の匂いのする偉丈夫《いじょうぶ》であった。

かつて、ある日本の経営者が渡米、写真を撮ってディズニーランドのソフトを真似て、すっかりディズニー本社の信用を失ったことがある。ミスター高橋は、その失墜した信用を見事に回復したのであった。

事業を成功させるには、昔から〝天の時、地の利、人の和〟の三つが挙げられるが、何といっても大切なのは、第一の〝天の時〟なのである。これは簡単にいえば、タイミングということである。現代の〝遊び感覚〟に東京ディズニーランドはピッタリだったのである。だから時代の脚光を浴びたといえる。

誰もが反対する事業こそ可能性がある

東京ディズニーランドの成功は、ある意味では、高橋が多くの反対を押し切って実行したから成功したともいえる。かつて、〝赤信号、みんなで渡れば怖くない〟というギャグが流行したことがあった。このギャグには、民主主義に対する痛烈な皮肉がある。要するにみんなが賛成というのは、責任の所在がどこにもないということなのである。

そして、みんなが賛成することは、失敗する確率が高い。経営者はこの原則を忘れてはならない。

優れた経営者は、この真理を体得した人である。本田宗一郎《ほんだそういちろう》、井深大《いぶかまさる》、市村清《いちむらきよし》など、みんなそれで成功した人ばかりである。

かつて、私が秘書として仕えた、リコーの創業者市村清にこういう逸話がある。現在のリコーが、まだ理研光学といっていた時代の話である。

その日は、朝から新製品の開発をめぐって役員会は紛糾していた。そして大勢は、開発はしない、という方向に流れていた。それまで黙って役員の話を聞いていた市村は、やおら立ち上がり、

「この製品開発は続けましょう。そして製品化して売りましょう」とアッサリいったのである。ほとんどの役員は、アッケにとられてしまった。それまでマイナスの材料が、いやというほど提出されていたのである。近くに控えていた私も、内心、市村社長は成算があるのかな、と疑ったほどである。

そこで私はしばらくして、市村に、「大丈夫なんですか？」と尋ねたのであった。すると市村は、「なあ正忠クン、うちの役員があれだけ反対したんだ、よその会社も同じだろうよ。恐らくどこもやらないだろう。だからこそうちでやる価値があるんだ」といったの

である。

当時は理研光学もまだ小さな会社であった。それだけに市村の決断一つで、良くもなり悪くもなった。だが市村は、その責任の重さに負けずに、自分の信念を貫いたのである。

経営者は、みんなが反対する事業こそ多くの可能性を秘めていることを知るべきである。そしてその事業の将来性を見極めたら、断固実行すべきなのである。

女性を研究しないで経営はできない

今や〝女性の時代〟といわれている。私が主催する経済界倶楽部の例会に、『女がわからないでメシが食えるか』（サンマーク出版刊）の著者櫻井秀勲《さくらいひでのり》を招いて、講演を聞いたのであった。従来の講師とはまったく異質な人なので、出席率を危ぶんだが、どうして通常の二倍の会員が出席したのであった。たとえばユニ・チャームの社長他、上場企業の多くの社長が、その当意即妙《とういそくみょう》、たくまざるスピーチに酔ったのである。

ここで、その櫻井のスピーチの概要を紹介しよう。なお、櫻井は、『女性自身』『微笑』『新鮮』の名編集長として活躍し、出版界有数の理論家として知られている男である。

「自著『女がわからないでメシが食えるか』の重要テーマにもなっているのだが、今日は、〝魔のマーケティング時代の到来〟ということを中心にお話ししてみたい。

男として非常に残念なことだが、今では、男女の知的好奇心が逆転してしまっている。スポーツ紙や漫画にうつつを抜かし、必要なことや興味あることは人に聞いてすましてしまう男に対して、女性は行動力に富み、はるかによく勉強している。自分自身の眼で直接確かめたいという欲求が強く、美術館、映画館、音楽会、どこに行っても女性で一杯だ。

こうした現象は、男の支配した工業社会に変わって、ハードよりソフトが重要なこれからの脱工業社会にあっては、女性の力がますます強まることを示している。また、女性自身も、これからは自分たちが社会の上位に立つんだという自信を持ち始めており、今後の社会を長期的に見るならば、男が女に支配される時代の幕開けが、今まさに始まっているといっても過言ではない。事実、これは既に現実の姿として現われてきている。

たとえば、私が生きている出版界を見ても、皆さんがよく知っているような男物中心の出版社は軒並み凋落《ちょうらく》の一途で、企業ランキングのベストテンには、ただの一社も入っていない。上位を占めるのは、集英社、小学館、講談社といった女性と子供中心の出版社ばかりなのである。その象徴的な例が、集英社から創刊されている『メンズノンノ』という雑誌である。これはお嬢さんに人気のファッション雑誌『ノンノ』の男性版なのだが、これがまた大変な人気なのだ。このことは非常に暗示的で、要するに、男のほうが女のほうにすりよっていかないと、若者雑誌は成り立たなくなってきたということなのだ。こういったことは、出版界のいたるところで見られるようになってきており、もし、出版が文化のバロメーターとするなら、まさに女性と子供が文化のイニシアチブを取り始めたのである。そして、この一事だけでも、男支配の時代の終焉《しゅうえん》がきていることがおわかりと思う（中略）」

ここまでで櫻井がいっていることは、要するに男性型社会から女性型社会への移行ということである。それは各家庭をみてもよくわかる。今や家庭の主導権は、夫ではなく、妻にあるのだ。昔は、〝将を射んと欲すれば先ず馬を射よ〟といったが、今は馬が馬でなくなってしまった。完全に男と女の立場が逆転してしまったのである。それがいいのか悪いのか。だが時代がその方向に流れているのは事実である。さらに櫻井の話を紹介しよう。

「こういうことになってくると、誠実、勤勉、慎重といった既成の価値観だけでは、もう立ちゆかなくなってくる。時代が変化すれば、社会の価値観が変わるのは当然で、〝重厚《じゅうこう》長大《ちょうだい》から軽薄短小《けいはくたんしょう》へ〟は、その象徴なのだ。いまや『鉄は国家なり』『男は政治、社会の中心』といった言葉は、死語に等しい。重いものから軽いものへと、時代は確実に移っているのである。

これはやはり、それなりの意味があるのだ。つまり、現代の若者は、誠実・勤勉だけでは生きられない、もっと別の方向があるのではないかと、どこかで考えているのである。ちょっとうまく説明する言葉がないのだが、しいていうなら、センスということになろうか。

これからはセンスというものが非常に重要になってくるということを、今の若者たちは彼等なりに自分の生き方として考え始めているのである。これは社会的にもいえることで、特に出版社、放送局、新聞社、アパレルといったマスコミ、ファッション産業の社員採用基準などは大きく変化し、誠実・勤勉などというのは、ほとんど評価されなくなってきている。そうしたことより実行力とかセンスとかいったもののほうが、重要視されるようになってきているのだ。だから、若者も、それにどう対応すればいいか実によく知っている。

ダブル・スクールというのが、それだ。ダブル・スクールというのは文字通り、二つの学校に通うことで、つまり小学校に通いながら塾にいき、大学に入りながら専門学校にいくのだ。そして彼等は、本当の勉強は塾や専門学校でやり、本来の学校では、人脈づくりやセンスを養うことに励んでいるのである。すなわち、今は、何の特色もない凡庸な大学を出ただけでは何にもならないし、社会もまた大学そのものより、そこで何をしたかを問うようになっている。時代は確実に変わっているのである。

では、なぜそうなったのか。

突飛な考えと思われるかもしれないが、情報社会を迎えて日本民族が農耕民族から騎馬民族に変わってきたからなのだと私は考えている。農耕民族は、口が重いとか腰が重いことを美徳とするが、騎馬民族にとっては、特に腰が重いなどというのは最大の悪徳になる。また、騎馬民族は異文化に開放的だが、農耕民族は閉鎖された集落をつくり、異文化を拒否する。

だが、これでは今はダメなのだ。口が重くて、腰が重い人間は、もうトロいのである。若者にいわせると、そういう人間はもうプッツンなのである。このプッツンというのは非常に面白いことばで、ただダメというのではなく、あなたとは文化が違うから話なんてできませんよという、極めて哲学的な言語なのである。

こうした女性化社会になると、すべてが女性を主役にしようとするものばかりになってくる。建物がそうで、もう四角いビルはダメで、今は白くて丸いビルが断然多いし、オフィスもずいぶんファッショナブルになってきている。たとえば姿見。これまでのオフィスには顔を見るだけの小さな鏡しかなかったが、今は全身が映る姿見があるところが珍しくない。鏡が姿見に変わるだけで、女性社員はニコニコして仕事をするのである。わずかなことだが、女性を主役にするというのは、そういうことなのである。

では、こうした時代のマーケットはどうなっていくのか。最も支配的で有望なのが、楽しさ、快《こころよ》さを売る快感産業がよくなるだろうという見方だ。これまでは商品の品質の善し悪しがポイントだったが、これからはいいものだから売れるとは限らない。そこに好きか嫌いか、楽しいか楽しくないかが加わるのだ。どんなによいものでも、女に嫌われたらアウトなのである。彼女たちは、この商品を買ったら楽しいかどうかで動くのである」

ここで櫻井は、売れ筋商品のポイントを四つあげている。それは、①使い捨て――今の若者は使い捨てることに快感を持つ。事実、ラジオ、時計といった、旧世代には絶対に使い捨てできないようなものが、平気で使い捨てられている。②パッケージ――ビンの首に蝶ネクタイをしたカルピスが可愛いから、楽しいからと、ただそれだけで売れてしまう。③小さなもの――デミタスブームがそれで、小さいもののほうが可愛いのだ。女性化社会では、大きなものはダメなのである。④手作り——手作りということも女性にとって魅力的なことである。以上の四つがこれからの企業戦略のキーポイントだと櫻井はいう。

女性を知るということも、時代を知ることである。

時代の流れは半年から一年先を読め

前にもちょっと触れたが、リコーの創業者市村清は、時代の流れを読むことに非常に長《た》けていた。ある意味では、名人といってもいいような感覚の鋭さがあった。前述した櫻井が、女性化時代には、四角いビルよりも丸いビルをといっていたが、市村はそれを何十年も前に実行したのである。銀座四丁目の三愛ビルがそれである。

戦後の混乱もようやく落ち着き、人々が明日への生活に希望を持ちだした頃、市村は、東京の地図を広げて、東京の中心地で商売をしようと考えた。地図で測ってみると、やはり東京の中心は銀座であった。その銀座の中心が、三愛のビルのあるところであった。あの土地は百坪である。市村は、そこで商売をしたいと考えたのであった。

その土地は、佐野屋という足袋屋さんの土地であった。すでに主人はなく、その未亡人の家に日参《にっさん》していく。未亡人は、なかなか首をタテに振らない。それでも毎日、通ったのである。あまり熱心に市村が訪ねていくので、未亡人は気の毒に思ったのであろうか……。ある雨の降る朝、市村の事務所に断りにいく。そのとき応対に出た女性が、「まあ、大変でしたね」といって、自分の母をいたわるように未亡人を案内して、二階の市村の部屋に連れていったのである。

その瞬間、未亡人の心が変わったのであった。こんな心の優しい女性を使う社長ならば、きっといい人に違いない。無条件で譲ろう、と心変わりしてしまったのである。未亡人は市村に会って、その女性のことを話して、「あの土地を、お譲りしましょう」といった。

市村はその話を聞いて、もう泣かんばかりに感動したのであった。そして、女性の時代だと市村は直観したのであった。〝女性を研究しないで商売ができるか！〟というのが市村の哲学になっていった。

市村は、女性を知るために、大いに遊び、勉強もした。それがいつしか〝市村学校〟となっていく。市村は、若い経営者を集め、「女性の講義」をしたのであった。その生徒の中には、中曽根康弘《なかそねやすひろ》も、五島昇《ごとうのぼる》もいたのであった。

市村は、その後も事業を拡大していった。その根底には、いつも、女性の時代という認識があった。そして常に時代の流れを先取りしていったのであった。

今では立派な産業に成長したリース業に、いち早く着目して、事業化したのも市村であった。リース業で最も古い日本リース（現・日本GE株式会社）は、市村がつくった会社であった。市村はカンが鋭く、新しい仕事にとびついていく動物的なパワーをもっていた。私は市村の秘書を四年務めたのだが、そのことが今日の私に、どれだけプラスになったかしれないのであった。

市村はよく、「先を読むのはいいが、時代の流れの三年先を歩くと失敗するよ」といった。私が、「どれぐらいがいいのか……」と尋ねると、「そう、一年先か、半年先かな……」といっていた。市村は、一歩か半歩先を常に歩くのがいいといった。そして市村は、事業家として、見事にそれを実践したのであった。その成果は、リコー、三愛グループとして残ったのである。

戦後六十八年、日本は工業立国として発展し、工業化時代が終焉を告げた。そしてIT時代の到来である。このIT時代に、いかに自分の企業を適合させるかが、これからの経営者の大きな課題になるであろう。

だが、あくまでそれは、着実な歩みでなければならない。市村がいったように、一歩ないし半歩、時代に先行すればよいのだ。

他社が撤退《てったい》するなら攻めるチャンスだ

世はまさにＩＴ時代。日本にいても世界中のニュースが即時に入ってくる。このＩＴ時代の到来をいち早く察知して、それを経営に生かした男がいる。それは日本電気（ＮＥＣ）の小林宏治《こばやしこうじ》である。

小林は、昭和四年に東京大学工学部電気工学科卒業と同時に日本電気入社。玉川事業所長を経て、同二十四年取締役、同三十一年常務、同三十六年専務、同三十七年副社長、同三十九年社長、同五十一年会長に就任。後継者に若い（当時五十三歳）関本忠弘《せきもとただひろ》を抜擢し、小林・関本の名コンビで日本電気を発展させた、いわば日本電気中興の祖ともいうべき人物である。

小林が日本電気を発展させた原動力となったものは、今ではあまりにも有名なＣ＆Ｃ理論である。これは、コンピューターとコミュニケーションのＣをドッキングさせたものである。私はかつて小林に、いつ頃この理論を思いついたのか尋ねたことがあった。すると小林は、「ボクがこれを考えたのは、社長になってからです」といった。小林が社長になったのは昭和三十九年（一九六四年）である。

昭和三十九年といえば、日本中が東京オリンピックで湧き返り、東海道新幹線が開通するなど、日本が経済大国への第一歩を踏み出した時代である。

当時の日本電気は、一つのCであるコミュニケーションには八十年の歴史があったが、もう一つのCであるコンピューターが弱かった。小林は、その頃のことを、「コンピューター、通信、デバイスは、必ずウチの事業の骨格になる。どうあってもものにしなきゃいかん、と社長になったとき思ったんですよ。すぐに〝C&C〟といおうと思ったんだけど、一つのCが弱いし、いつつぶされるかわからない状態でしたからいわなかった」と語っている。

この日本電気を世界的企業にした要因は半導体にある。一時、日本電気の半導体生産は世界一であった。この半導体を世界一にした裏には、小林の大英断《だいえいだん》があった。小林が勝負をしたのは、後にも先にも、このときだけではないだろうか。それは、昭和四十八年秋に勃発したオイルショックのときであった。日本経済はこの時を境に、それまでの高成長から一挙にマイナス成長に転じたのである。その頃から上場企業の大型倒産が相次ぎ、当時の企業マインドは冷えきっていた。

だが小林は、この時期に、企業拡大に敢然と挑戦したのである。その頃のことを小林は、「会社に自信がつき始めたのが、オイルショックの頃ですかね。あのオイルショックで日立は、半導体工場を縮小したほどでしたからね。しかし、ボクは逆に半導体工場を拡張したんだよ」と語ってくれたが、これがいわゆる〝逆張り〟である。その結果、それまで日立、日本電気だった半導体生産順位が逆転したのである。これによって、小林の〝C&C〟理論の基盤が整ったのである。半導体は別名、〝産業のコメ〟といわれるぐらいその用途は広い。これがあるから情報化時代も進展したのである。

小林は、「結局、この決断で、一、二位がひっくり返ることになったんですよ。それまでは日立が国内一位で、ウチが二位でしたからね。これによって、通信とコンピューターを結びつけるLSI（大規模集積回路）が浮かび上がったんですよ。LSIがなけりゃ、C&Cにならないんだよね」と語っていたが、オイルショックという未曽有《みぞう》の大変動のなかで、設備投資をするというのは大変な決断である。

だが、ほとんどの経営者が尻込みするような状況下で、小林は攻めていったのである。

私が、「オイルショックに遭いながら、投資を断行するときの心境は？」と尋ねると、小林は、「そりゃもう、崖から飛び降りる心境ですよ。オイルショックで先も何も真っ暗なんだからね。しかし、とにかくＬＳＩは成功させなきゃいかん。この機会にやらなきゃだめだ、と思ったわけですよ」と笑った。

小林がこのような決断をした背景には、必ず情報化時代が到来するという、時代の流れが読めていたからである。

昭和五十二年、小林は、米国アトランタ州で待望の〝Ｃ＆Ｃ〟を発表したのであった。私は小林に、アトランタで最もいいたかったことは何か、と尋ねた……。

「要するに、マネジメント構造の変化を訴えたんですよ。ボクは社長になったときから、今までのピラミッド経営では駄目だ、といっていた。とにかく会社はコマだ。経営というのは、コマの心棒を中心に猛烈な勢いで回っているんですよ。このコマの心棒になるのが、会長、社長、副社長。担当役員は、コマの周辺におって遠心力で引っ張られる。しかし、完全に引っ張られてしまったら、コマは倒れてしまう。従って、担当役員は求心力で心棒に結びつける役割を担ってくれる——これがコマの経営ですよ。とにかく、経営というのはピラミッド構造にしたら駄目なんです。能力が神様みたいな人はいないんですよ」

これが小林の経営哲学である。この小林の経営哲学が関本に受け継がれ、日本電気は躍進に次ぐ躍進を遂げたのである。

コラム

もう一つの可能性を発見するヒント

◉心を刺激する読書術

老化は、気持ちの衰えからやってくる。気持ちを衰えさせないためにはどうするか?

それは、本を読むことである。本といってもいろいろある。私がお勧めしたいのは、ノンフィクションである。フィクションもいいが、心を刺激するにはノンフィクションのほうが断然いい。

ノンフィクションにもいろいろある。私が好んで読むのは、私が体験できないようなことを、実際に体験した人の本である。

最近読んで感動したものに、『上海の長い夜』（原書房刊）という、中国女性が書いた本がある。

この本は、毛沢東の時代に起こった、文化大革命の嵐のような時代を耐えて、生き抜いた女性の半生が綴られている。

この女性は、一九六〇年代に、イギリス系資本のシェル国際石油で働いていた。外交官だったご主人を亡くし、女優の娘と、比較的恵まれた生活を送っていた。

そんな彼女に、文化大革命の嵐が押し寄せたのである。シェルに勤務していた彼女は、外国のスパイの濡れ衣を着せられ、刑務所にぶち込まれる。

ひどい環境の中で、彼女は連日のように取り調べを受ける。そして係官は、罪を認めて、改心の情を見せれば釈放してやると、脅したりすかしたりしながら彼女を責めるのである。

ほとんどの人は、この責めに耐え切れず自分の罪を認めてしまう。ところが彼女は、頑として自分の罪を認めない。しかも彼女は、与えられた『毛沢東語録』を逆手にとって抵抗するので、係官も手のほどこしようがない。

仕方がないので、独房に入れたり、ありとあらゆる手段を使って、彼女に罪を認めさせようとする。そんな状態が六年以上も続く。

しかし彼女は、毛沢東が死去し、悪名高い四人組が逮捕されて、自らが釈放されるまで、抵抗をやめなかった。

釈放された彼女に知らされたのは、最愛の娘さんの死であった。そんな苦しみにも負けずに彼女は生きていく……。

この文化大革命とは何だったのか…。当時、日本でも朝日新聞を中心に、このことが大々的に報じられたので、ご記憶の方もおられると思う。

私は、正直なところ、この文化大革命なるものがどんなものであったのか、この『上海の長い夜』を読むまでわからなかった。

この本を読んで、いかにひどいものであったのか、初めてわかったのである。それにしても、驚嘆《きょうたん》すべきはこの本を書いた鄭念《チェン・ニェン》の強靭《きょうじん》な精神力である。肉体的にも精神的にも極限状態に追い込まれながらも、冷静さを失わずに生きていく。

私は、この本を読んで、あらためて四千年の歴史を持つ中国国民の底力を知った思いがする。その国の政治状況、特に共産主義のような全体主義の国のそれは、ジャーナリズムの情報だけでは見えない部分がある。この本の著者のように、自分で実際にその渦中《かちゅう》で生きた人が書いて、初めて真相が見えてくる場合が多い。

私も選挙違反で刑務所に入ったことがあるが、たった二十日間程度の拘留でも、ひどくこたえた。

鄭念の場合は、それが六年以上も続いたのである。筆舌につくしがたい体験であったろう。だが、彼女には、みじんの暗さもないのである。

私は、この本を読みながら、ゾルゲ事件で死刑の判決を受け、この世から消えていった尾崎秀実《おざきほつみ》の書簡集『愛情はふる星のごとく』（青木書店刊）を思い出した。この本は、獄中から、彼が妻や娘に書き送った手紙をまとめたものである。

そんな中に次のような一節があった。

――私のように、明日、死刑が執行されるかわからない人間でもいえるんです。人生は、どんなにつらく、苦しいことがあっても、生きるに値するものであるということです――

若き日の私にとって、この本はバイブルのようなものであった。貧乏学生だった私にとって、この人生が本当に生きるに値するものなのか……ともすれば、心が挫《くじ》けそうになるとき、この本は心の支えになったものである。

私たちは、つい自分だけが苦しんでいると思いがちである。だが、広く世界に目を向けてみると、私たち以上に苦しんでいる人たちがたくさんいる。それを教えてくれるのが本なのである。

ノンフィクションの素晴らしさは、体験した人でなければ絶対に書けない真実が書かれているところにある。それが、私たちの心を感動させるのだ。

私は、こうした素晴らしいノンフィクションを読むたびに、自分の心が新たに蘇るような気がするのである。

第二章

祖業を忘れてはいないか

オーナーシップを持っているか

この激動の時代、経営者たるもの、大企業、中堅企業、中小企業を問わず、オーナーシップを持たなければならない。

オーナーシップとは、個人と企業の運命が一体であるという考え方で、社長は体を張って経営するということである。今、企業の業績がおしなべて悪いのは、その経営者がサラリーマン化していることがあげられる。

サラリーマン社長は、業績が悪いとすぐ首を切られてしまう。したがって、自分の任期の間は、赤字を出さないようにと、どうしても経営が消極的になってしまう。つまり十年先を見越して投資するという考え方がなくなってしまう。

企業経営は最低五年から十年先を考えて、投資をしていかなければならないのである。

HOYA株式会社の鈴木哲夫《すずきてつお》は、一度は辞めた社長に返り咲き、ホーヤ（当時・㈱保谷硝子）を超優良会社に育て上げた、オーナーシップの旺盛な経営者である。

鈴木が社長を辞めた原因は、銀行の意向に逆らって、販売会社を設立したことにその遠因があった。経営者は、常にその結果を問われる。鈴木が設立した販売会社は、当初、不振であった。鈴木はその頃のことを、「当時はかなり設備投資をやり、近代化を進めましたので、新工場でできた製品がどんどん売れないと困るわけです。従来どおり、問屋さんをとおして販売していても能率が悪い、ということで直販システムを導入したんです。しかし、銀行もこれが思うような効果を上げないものだから、心配だったようです」と語っている。

その結果、銀行と鈴木は対立し、「その結果として、あいつは生意気だ、ということになって……。それでも私はきっとよくなるから二、三年やらして欲しいとねばった。最後は経営責任をとるから協力してくださいとね。その結果、『よかろう』ということになりました。ただ、このときは社長を辞めることが条件だったわけです」

鈴木は、社長を辞めても、会社を離れたわけではなかった。なぜならば、個人で筆頭株主だったからである。鈴木は、「オーナーはね、責任をとって会社を辞めることはできないんですよ」と当時を述懐《じゅっかい》している。

銀行から送り込まれた社長は、管理面はしっかりしていたが、その企業の将来性というビジョンを打ちだすことができなかった。これもバンカーの常である。

これに対して鈴木は、社長業から解放され、時間に余裕ができた。結果的には、これがホーヤにとっても鈴木個人にとっても幸いしたのである。鈴木は、週に一、二度は、若い社員たちと今後の需要動向とか研究開発について、ディスカッションを繰り返した。

「そこで決めたことは、今後はエレクトロニクスの時代だから、電子機器用の製品をつくり出していく、ということでした。それが現在、当社の大きな柱になっているんです」と、鈴木は語る。

鈴木は、昭和四十二年（一九六七年）二月に相談役に退いたが、その三年後の四十五年二月、社員の要請に応えて、再び社長にカムバックしたのである。

「私は復帰というよりも、社長ではない仕事をずっと続けていくつもりだったんです。会長でも相談役でもいいとね。会社での一つの役割を果していく責任がありましたからね。そうしているうちに、銀行出身の社長は管理面に厳しいですが、会社全体を統率していくとか、長期的展望という面で多少ムリが出てきた。私どもの会社は、今日のことだけでなく、明日のことも考えていかなくてはならんのでしてね。そんなことで、社内から復帰して欲しいという声が出てきたようです」

ここがオーナー社長とサラリーマン社長の差である。サラリーマン社長ならば、社長を辞めれば、それですべてゼロである。ところがオーナーはそうはいかない。辞めたくても辞められない。会社と一心同体というのは、そういうことをいうのである。

旭化成工業（現・旭化成）の宮崎輝《みやざきかがやき》は、一介のサラリーマン重役でありながら、果敢《かかん》にそのオーナーシップを発揮して、今日の〝大〟旭化成を築き上げていった人物である。その宮崎の著書に『宮崎輝の取締役はこう勉強せよ！』（中経出版）という本がある。私はこれを一読後、すぐに雑誌『経済界』の〝私の本棚〟という書評欄で、次のように紹介したのである。

「宮崎輝氏は、いうまでもなく旭化成の代表権を持つ会長で、実質ナンバー1の地位にいる現役経営者。すでに、七十八歳。普通ならば、引退してもおかしくない年齢である。

しかし、一読して、旭化成という企業集団が、宮崎輝というリーダーを必要としているのだと思った。宮崎氏は、形の上では、実力者であっても、一介のサラリーマン重役にすぎない。持ち株にしたところで、スズメの涙ほどでしかない。個人的には、全く私財を持たないプアーな人間でしかない。しかし、宮崎氏は、この二十七年間、どれだけ会社に利益を与えてきたかはかりしれないのである。個人は貧しくても、会社を豊かにしてきた。

こうなると、宮崎氏は、もう事実上のオーナーということになる。いや、オーナーシップを持った経営者ということになろうか。だから、役員を含めた社員全員が拝みたおして、『どうか会長を一日でも長く、続けて下さい』といっているふうにさえ見える……（以下略）」

事実、宮崎が社長に就任したときは、小さな繊維会社で、沈没寸前であった。売り上げ規模からいっても、中小企業の域を脱していなかった。それを今では、非繊維部門が七十パーセントを超え、食品、薬品、建材、住宅、あるいは半導体にいたるまで、異業種の分野に進出し、安定した経営を展開しているのである。

口の悪い人は、〝ダボハゼ〟経営とかげ口をたたくが、この円高デフレの中で、減配もせずに会社を運営していく手腕は、立派なものである。経営とは、結果がすべてなのである。

以前、旭化成工業と松下電器（現・パナソニック）は、その売り上げにおいても、利益、資本金も、ほぼ同じであった。それが、片や松下は七兆円というグループに伸び、宮崎の率いる旭化成工業は一兆円にやっと届いた、ということである。これについて宮崎は、「松下には守るものがなにもなかった。だから攻めるだけであった。ところが、わが旭化成には、先輩から引き継いだ資産がわずかでもあった、そのせいかな」と語っている。

私が、「もう一つは、松下幸之助さんが小学校中退で、あなたは東大を出ている違いだと思います」というと、「ウーン」とうなって「いやわかるな」といった。

確かに一方は時流に乗って成長し、一方は産業全体が衰退期に入ったということもある。だが、知性、教育、学問といったものが、かえって事業経営で邪魔しているともいえる。松下のほうは、学問がなかったために、先入感を捨てて思う存分やりまくったのである。それにしても、ひと頃、宮崎を〝老害〟云々という人がいたが、この書を読めば、いかにそのような発言が間違っていたかがわかる。

私は本書を、円高不況に泣いているサラリーマン社長や、取締役、幹部社員に一読を勧めるものである。

誰よりも自分に厳しく事にあたれ

オーナーは、その会社のすべてを熟知していなければならない。当然のことである。そして、現実にその会社のいちばん弱いところに、自ら立ち向かうべきである。たとえば、営業が弱ければ、その第一線に立つべきである。あるいは、海外部門が弱ければ、ポストンバッグをひっさげて、海外を行脚すべきである。さらに技術が弱ければ、いかに強くするか、夜も寝ないくらいの決意で解決に臨むべきである。

かつて三和銀行（現・三菱東京ＵＦＪ銀行）会長兼頭取だった川勝堅二《かわかつけんじ》は「私もいろいろなタイプの経営者にお会いしていますが、経営者として最も大切なことは、自分に厳しいことでしょう。たとえば稲盛さんなど見ても非常にストイックですよ。京セラさんの某幹部社員なども、あの会社で財務、販売、企画、生産など、どの部門でも最も詳しいのは稲盛さんだといいますね。それだけ稲盛さんは日夜勉強をしておられる、ということなんです。それに、稲盛さんには私心というものがありません」と語っていた。

この稲盛和夫《いなもりかずお》は、現在、最も強くオーナーシップを発揮した経営者の一人である。それは、昭和五十八年（一九八三年）四月のヤシカとの合併にもよく現われている。このヤシカは、かつてはカメラの名門企業であった。創立者は牛山善政《うしやまよしまさ》であった。だが、このヤシカは、牛山の放漫経営が災いして凋落の一途をたどったのである。そして最後に、稲盛に引き受けてくれないか、と頼みこんだのであった。

ヤシカの筆頭株主は日商岩井（現・双日）だったが、日商岩井もホトホト困り抜いていた。

「最初は、ヤシカの遠藤良三郎社長が訪ねてこられて、一つご支援願えないかということだったんです。日商岩井が筆頭株主ですが、貸している金もたくさんあって、日商自身も少し持て余していたようです。それで、日商岩井の株を肩替りして欲しいという話でした。頼まれた以上、何とかしなければいかんのかな、と思いましたが、しかし、まったくの異業種ですからね。取りあえず、信州にある岡谷の工場と東京本社を見せてもらったんです」

そして稲盛がヤシカの東京本社と岡谷工場で見たものは、企業危機の中で、夜遅くまで懸命に働いている従業員の姿であった。その姿に稲盛は心を打たれたのである。そこで稲盛は、ヤシカを救済合併する決心をしたのであった。

だが、一般的に業務提携とか支援という場合、まずある程度の株を持って、よければもっと先に進み、悪ければ手を引くというのが普通である。しかし稲盛は思い切って合併してしまった。

このときの心境を稲盛は、「ヤシカがいうように、日商岩井の株を五パーセントぐらいもって支援するということも、考えてみたんです。確かに五パーセントぐらいもつのは、一見紳士的なんです。しかし、それで建て直しがうまくいったとしても、九十五パーセントの株を持っている人が喜ぶだけ。逆に再建失敗の場合には、五パーセントぐらいの支援しかしていなかったから、うまくいかなかったといわれかねない。やっぱり本当の親切というのは、伸るか反るか、もう後に引けない状態にこちらを追い込んでやってあげることだと考えたんです」と語っている。

稲盛は、「中途半端な支援は、結局は不親切になってしまう」と考えたのである。この決断の中にも、稲盛のオーナーシップがうかがえるのである。

私は、オーナー社長であろうと、サラリーマン社長であろうと、社長と名がつく以上は、絶対にこのオーナーシップを持つべきだと思う。私のいうオーナーシップとは〝最終責任は私にある〟という気構えである。これからの時代、トップがこのオーナーシップを自覚しない企業は衰退していくであろう。

トップは必ず自社株を持つべし

私は、その企業のトップは必ず自社株を買うべし、という持論を持っている。しかもそれは、多ければ多いほどよろしい。それにより仕事に励みが出る。また自ずからオーナーシップも生まれてくるのである。つまり、株を持つことにより、経営者と企業の一体感が出てくる。だが、一万株や二万株では、それも生まれるわけがない。

とくにサラリーマン社長にとって、自社株を持つことは励みになると同時に、退職後の生活設計の上からも好ましいのである。第一、業績が上がれば、株価も上がる。そうなれば自分の株式資産もふくらむ。経営者にとって、これ以上励みになる材料はないのである。それとは逆に、業績が悪化し、会社が倒産でもしようものなら、株は紙クズ同然である。

オーナー経営者が必死に頑張るのは、ある意味では、自分の資産を減らしたくないからともいえる。誰でも大金がかかれば必死になる。そこから経営に迫力が生まれてくる。

もしあなたが自社株を持っていなければ、さっそく手に入れて欲しい。そうすることにより、経営に対する意気込みが、まったく違ってくるはずである。

祖業を忘れず大切にしているか

これからの時代は、事業の多角化はやむを得ないであろう。かつてのように少品種大量販売の時代から、多品種少量販売の時代に転換した以上、一つの製品に頼っていたのでは会社経営が成り立たないからだ。

そのとき大切なことは、どんなに多角化をしようとも、企業の成立要因ともいうべき祖業を、粗末に扱ってはならないということである。

キッコーマンという会社がある。醤油を祖業としている会社である。醤油業界では最大手で日本のシェアは約三十パーセント、世界シェアは約五十パーセントほど確保している。現在では、醤油だけでなく、ソース、酒類、食品にも進出し、着々と多角化を進めている。

このキッコーマンの本社は野田にある。私はかつて、現在のキッコーマンを育てた〝中興の祖〟ともいえる二代茂木啓三郎《もぎけいざぶろう》に、その事業のいわれについて話を聞いたことがあった。それによれば、茂木家の先祖は女性だった。大阪夏の陣で死亡した武将の未亡人で、男子一子と家僕をつれて、関東に亡命したのである。そしてたどりついたのが野田。そこでコチャという豪農《ごうのう》に助けられ、親切な扱いを受けた。そのとき食べさせられたのが手打ちソバである。そこでこの未亡人は、野田に住む決心をしたという。

そのため、現在でも茂木家では、正月三箇日の間は雑煮を食べずにソバを食べる習慣を残しているそうである。

茂木家では最初、ミソをつくっていた。その味がよかったこともあり、それでかなりの財産を残し、その金で飯田市郎兵衛から醤油の製造、販売の権利を譲り受けたのが、その第一歩であった。そして、つくった醤油は、船で江戸に送り込んだ。野田から江戸まで五時間ということもあり、商いはどんどんふくらんでいった。

野田という土地は、醤油生産には最適であった。まず醤油の原料である大豆、小麦、塩の生産地と隣接していたことがあげられる。つまり、大豆は茨城、小麦は千葉、埼玉、塩は行徳、浦安で生産されていたのである。

茂木家には、〝財を積んで、公に報ずべし〟と〝徳は本なり、財は末なり〟という先祖の遺訓が、いまだに受け継がれ、事業経営の根幹《こんかん》をなしている。

茂木は、「先祖の余徳、いい仕事を残してくれたと感謝しているんです」と語っていたが、この精神が今日のキッコーマンの繁栄の土台となっている。

そして今や日本で生まれた醤油は、世界の味となったのである。私が茂木に、「よく海外に打って出られましたね」というと、「食べ物というのは、食べた瞬間にうまいなァ、と感じないと食べ物じゃないんです。そのまま食べておいしいなァ、と感じるものは、そんなにありません。そこで、調味料というものが必要になる。西洋建築は木目を塗りつぶすが、日本建築は木目を残す。それと同じで、食べ物の味を引き出すことが大切なんです」といった。

茂木の話では、醤油が米国で受け入れられた背景には、終戦後、米国から来日した延べ三百万人の進駐軍《しんちゅうぐん》の影響が大きかったという。彼らは、スキヤキやテンプラを食べて醤油の味を覚えたのである。

そして茂木は、昭和三十二年にサンフランシスコに販売会社を設立。四十八年にはウィスコンシン州に念願の工場を設立したのである。

茂木の話を聞きながら、私は今さらのように、祖業というものがどんなに大切なものか、よくわかったのである。キッコーマンといえば、誰でも思い浮かべるのが醤油である。そのイメージを大切にしている限り、キッコーマンは発展し続けるであろう。

祖業を忘れた多角化は必ず失敗する

経営者は多角化を図る場合、自分の会社の幹がなんであるか、よく考えるべきである。幹がしっかりしていない限り、どんなに枝葉を育てようとも、育つわけがないのである。

私はかつて、〝怪物〟と異名をとった、一代の英雄ともいうべき東京急行電鉄の創業者、五島慶太《ごとうけいた》に、その晩年、会ったことがある。そのとき五島が「東急がこれからどんなに発展していこうが、東急の祖業は電車だ。東横線の電車が、きちんと無事故で、きれいで、心地よく運転されていることが大切なんだ。だから東急グループの中心は電車なんだよ」といったことが、昨日のように思い出される。この思想は、五島昇《ごとうのぼる》にも継承されている。だから東急事業のメッカは、東京急行電鉄なのである。東急電鉄の社長が、グループの全体を統括するのである。したがって、東横線を見れば、東急グループの活動ぶりがわかるのである。

東映の岡田茂《おかだしげる》と、この祖業について語ったことがあった。東映の初代社長の大川博《おおかわひろし》も、五島慶太の部下であった。もともと東映は、昔は東横映画といって、東急のものだったのである。

岡田は、「うちの初代の社長も、五島慶太翁から映画を大切にしろよといわれているんです……。うちでもいろいろ多角化していますが、やはり映画が当たっているときは、他の事業もいいんですね。これは不思議ですよ。反対に映画が悪いときは、他も悪い。ですから映画に力を入れているんです」といった。

映画が不振といわれ、不況産業といわれてから久しい。だが岡田は「いい映画をつくりさえすれば、お客は必ず入る」といったのである。

映画で思い出されるのは、青春映画のメッカといわれた旧〝日活〟である。ここから吉永小百合、石原裕次郎といった大スターが育っていった。ところが、二代目社長の堀雅彦《ほりまさひこ》なる人物は、経営者ではなかった。やたらにホテル、ゴルフ場、ボウリング場と事業を多角化していった。「これからは映画は駄目だ！」といって、脱映画路線を経営の根幹に据えたのである。

しかし、なにせ素人の悲しさ。ホテルにはプロの先輩がいる。ホテル事業で敗れていく。今では、元日活ホテルは、三菱地所に買収されてしまった。ボウリングもすぐに峠を越えて、あえなく敗走。多角化した城は次々に落城して、日活本体からも追放されてしまった。

要は、経営者が祖業をどうとらえるかである。駄目だと思えば、どんなにいい会社でも駄目になっていく。反対に、やれると思えば、それなりの業績は挙げられるものである。一にも二にも研究である。いいものさえつくれば、お客は必ず入るはずである。

ここで私の小さな体験を話そう。私が経営している経済雑誌というのは、残念ながら万年不況業種である。経済雑誌というものは、それほど利益が上がるものではない。第一、一人の記者を育てるのに、かなり時間がかかるし、経費もかかる。その上、商法改正というダブルパンチもあって、弱り抜いた時期があった。

しかし、前述の〝祖業〟のことを思い出した。私にとっての祖業は、この雑誌『経済界』なのである。私は思い直し、力を入れ始めたのである。自らペンをとり、トップ記事を書いた。対談もした。一本一本のレポートもいいものを書かせた。東京海上火災保険（現・東京海上日動火災保険）の渡辺文夫《わたなべふみお》に会ったときに、「あなたが書くようになってから、雑誌がおもしろくなりましたよ。毎号、楽しみですよ」といわれるようになった。

不思議なもので、こちらが力を込めて執筆し雑誌を出すと、売れ出して、ごうごうたる反響が起こってきたのであった。ムダを省いて広告費を使っていく。本体の雑誌がよくなると、周辺の仕事も不思議に軌道に乗ってくる。祖業を大切にすることがいかに大切か、身をもって知ったのである。

祖業は会社の原点である。間違ったら、まず原点に返る。そして原理原則を大切にする。この辺に事業経営の極意があるのではなかろうか。

政治家とはこう付き合うべきだ

政治は嫌いだ、という経営者がいる。そして、政治家とはいっさい付き合わない、という経営者もいる。それはそれで結構である。

しかし、よくよく考えてみると、政治は嫌いだ、でとおるのであろうか……。たとえば、だれにとっても切実な税金問題一つをとってみても、すべて政治の世界で決まっていく。貿易問題にしても、民間の努力だけではどうにもならない。もうこれからの経済は、政治を抜きにしては、まったく考えられないのである。そして、冷静に考えてみると、これだけ日本経済が繁栄しているというのも、戦後、ともかく政治が安定していたからだということを考える必要がある。

これが、もし革新政党、とくに共産党にでも政権をとられてしまったら、今日の繁栄はあり得なかったであろう。であるならば、経営者は政治に理解を示し、むしろ政治家とのパイプを持つべきではなかろうか。政治と経済は、日本を支えていく車の両輪なのである。政治を離れて経済なく、経済を離れて政治はないのである。ともかく、これからは政治は嫌い、政治家との付き合いはごめんだ、では済まない時代であることは確かなようだ。

私は、昭和四十四年（一九六九年）十二月の総選挙に、郷里の秋田から出馬している。落選はしたが、私には、経済を通じて、政治の側の論理が実によくわかるのである。

私も、あのとき当選していたら、政治の世界に入る〝予定〟だった。したがって、彼らの本音が聞けるのである。彼らは、日頃、多少でも付き合いのある経営者からものを頼まれたときは、真剣にやる。ところが、何も付き合いのない人間から頼まれても、「もう聞き流しだね……」といい切る。これは人情というべきであろう。

政治の世界も、ある意味ではビジネスである。彼らとてカスミを食べて生きているわけではない。現実に金もかかる。政治家は、票になるかならないかで打ち込み方が違う。したがって、日頃から、政治家と付き合おうと思ったら、それなりの金を用意する必要がある。それは何も大金でなくてもよい。

たとえば、年間一千万円の政治献金のワクをつくるとしよう。これだけのワクがあるならば、一人の政治家に全部献金してはならない。これならば二百万円ずつ、五人の有力政治家に寄付できる。

たとえば盆と暮れに百万円ずつ五人に寄付する。むろんきちんと領収書をもらう。公明正大である。こうしておけば、陳情することがあっても、彼らは親身になって聞いてくれる。

金というのは不思議な作用があって、男と男の〝はく〟になるのである。経営者の中には、「有力政治家の誰々と食事をした」といって自慢している者がいる。ところが私が、「年間どのくらい寄付しているの?」と聞くと、全然やっていない。これでは、ただ食事をしただけにすぎない。食事をしただけでは駄目で、その政治家にプラスになることをして、初めて強いキズナが生まれるのである。

ただ、政治家に深入りしてはならない。とくに一人の政治家にのめり込んではならない。昔、政治道楽をした経営者に、旧・大映映画社長の永田雅一《ながたまさいち》がいた。もう政治がメシよりも好きで、とくに河野洋平《こうのようへい》の父であった、河野一郎《こうのいちろう》に入れあげていた。

永田は、河野一郎を総理にすることに血道を上げていた。だが、たかが映画会社の社長である。そんなに政治献金すれば会社がたまらない。ついに大映は倒産してしまった。河野も志なかばでこの世を去っていく。永田もグランプリをとり、得意絶頂の時期もあったが、その晩年は不遇であった。

政治家とコネをつくるのはよいが、入れ上げてはならない。何人かの政治家と、等距離で付き合うのが望ましいのである。政治家をバックアップするときには、それぞれ分に応じて予算を決めて、その範囲内ですべきなのである。

コラム

人間関係の原点に立ち返ってみよ

◉信頼は年齢によって得られるものではない

熟年という年齢になってくると、先輩、仲間の人たちが死んでいく。自然の摂理である。

そのさびしさは言語に絶する。だが、いかにさびしくても、これだけはやむを得ない。何かを求めようと思っても、死んでいってしまう……。

ではどうすればいいのか。

同じ年齢の仲間、先輩をあちらこちら求めても、同じことになってしまう。それなら逆に、若い人にそれを求めていったらどうだろう。若い友だちを探し求めていくことである。

故人となったが、財界の巨頭で、日商会頭として財界に君臨していた永野重雄という人がいた。

私はこの人に知遇を得た。私が大病に倒れたときに、日本一超多忙と噂の永野重雄が、六回も見舞いに来てくれた。信州の山の中、あるいは伊豆のさびれた温泉にまで見舞いに来てくれた。

私は、伊豆の宿に見舞いに訪れた永野に聞いたことがある。

「あなたはどうして、一介のジャーナリストである僕をこんなに大事にしてくれるんですか?」

すると永野は、

「キミと僕は、親子ほど年齢が違う。いってみれば、息子のようだよ。でも若いキミと付き合っていると、逆にいろいろと教えられるんだよ」

というのだった。

「僕は若い頃に、松永安左ヱ門《まつながやすざえもん》という電力の鬼といわれた爺さんに、それは可愛がられてね。そのことがどんなに今日の僕に役立ったかしれない。ちょうど、僕が今のキミで、僕の立場が松永の爺さんの立場だったかもしれないよ」

といったことを、昨日のことのように思い出す。

永野は、私の亡父と同年齢だった。だからこそ私は、永野に、亡き父を思い出し、実の父のように感じたのかもしれないのだった。

永野と私は、深い心のつながりを持った。永野は私の頼むことは、何もかもOKだった。それくらい私を信頼してくれたのだった。

その永野も、無条件で、初めから私を信頼したわけではなかった。

永野の周りには、私と同じようなジャーナリストがたくさん集まっていた。それも日経、朝日、毎日、読売といった、一流新聞の記者たちである。

彼らも永野の知遇を得ようと必死だった。私はその頃、『経済界』の前身の『フェイス』という、始めたばかりの無名の雑誌の主幹にすぎなかった。

私はあるとき永野が、合併した新日本製鐵《しんにっぽんせいてつ》（現・新日鐵住金）の副社長だった藤井《ふじい》丙午《へいご》と、不仲であることを知った。

藤井は、旧八幡製鐵の出身。永野は旧富士製鐵の出身。藤井は朝日新聞の出身でもあり、マスコミに顔が広かった。

その藤井がマスコミを使って、永野攻撃を始めたのであった。

永野はビクともしなかった。反撃しないのだった。

私が質問すると、

「だって正忠君！　僕が反撃すれば、藤井君と同じレベルになってしまう。それぐらいのことに、動揺する僕じゃない」

といった。

私はその男らしい姿に、ほればれとしたのだった。

私は、この二人をなんとか仲良くさせようと、必死になった。藤井邸を毎朝のように訪れていった。

私があんまり熱心なので、藤井は、

「キミがそんなにいうなら、永野さんに会ってもいいよ」

と、永野邸を訪れることを約束してくれたのだった。

かくして、ついに永野─藤井会談が実現した。会えば一流の人間同士であった。

二人は握手した。和解したのだった。

その後、藤井は、郷里の岐阜から参議院選挙に出馬し、永野はバックアップした。つまり、一流といわれる人間は、人を懐に入れるのにテストする。私はテストに合格したのだった。

それ以来、永野は、私がどんな話を持ち込んでもOKであった。もうフリーパスであった。

永野は晩年、ガンにかかってしまった。ガンという病気では再起も容易ではない。その頃、官房長官の秘書官が、私の親友だった。その親友を通して、永野が入院していた東京女子医大に聞いてもらうと、「あと、三ヵ月」ということだった。

私は病室に永野を訪ねて、

「会頭をいさぎよく退陣しましょう!」

といった。「キミはもう出入り禁止だ!」といわれるのを覚悟のうえだった。

すると、永野は、

「キミと同じことを僕の親友もいっていたよ……」

というのだった。

「キミのいうとおり、退陣することにしたよ。明日、十一時に記者会見するので、キミも来てくれよ」

と、いった。

かくて永野は、日商会頭を退陣していく。

永野は、私の退陣勧告までＯＫしてくれたのだった。

今や私は、永野のその頃の年齢に近くなってしまった。それだけに、私は、若い人を引き立ててあげたいのである。

私は今、努めて若い人と交友を持つ。意識して交友を広げている。

その一人に、ソフトバンク社長の孫正義《そんまさよし》がいる。彼が小さな会社をつくったときに出会った。人柄のいい好青年だった。純情な青年だった。

利害関係抜きで付き合いをしている。会うと、彼のほうでも相談するし、仕事のことを話してくれる。

孫正義とは、仕事以外のことでも、頻繁に連絡を取り交わしている。

孫正義に私は刺激を受けている。インターネットとかソフトとか、彼からもっぱら教わっている。まったく私と畑の違う孫正義であった。

孫正義という人間は、私にないセンスを持っている。長く付き合っていると分かってくる。まったく違う世代の人である。だからこそ教えられる。

あなたがもし熟年であれば、世代の違う年下の人たちと、積極的に付き合っていくことである。

孫正義とはゴルフもしたが、彼はゴルフも上手い。よく飛ばすのである。プロについたことはないが、ビデオでよく勉強するということだった。

要するに、天才肌なのである。小柄な体を、クルッと回しながら打つ。スコアも三十台でまとめていく。

性格はスカッとした好青年である。何よりも感性が豊かなのである。つくづく、これからは感性の時代だと思う。

もっともっと、自分と違う世代の人たちと付き合っていくことだ。私は、若い人たちと付き合うことによって、その元気なエネルギーをもらうことができる。

私のような熟年世代の人間は、その経験を若い人たちに伝えていけばいいのである。足りないものを補い合っていく。彼らには人脈や信用がない。私たち熟年は、それを彼らにあげればいいのである。

日本という国は、年齢が若いというだけで信用されないところがある。それを私たちがバックアップしていけばいいのである。

「老若」が一体となって新しいことが誕生していく。老年を排除してはならない。若い人だけで、ひとつの事業が成就できるはずはないのだ。

若い人も、老年の知恵と信用と経験を、いい意味で活用すべきなのである。

時代は変わった。いや、変わろうとしている。しかし、いつの時代も原理原則は同じなのである。

第三章

後継者をいかに育てるべきか

企業の命運を握るのは人材である

あなたの会社は人材を育てているか、と問いたい。「充分に育てています」という企業は、これからどんな時代がこようとも生き残っていける。反対に「残念ながら、育てていません」という企業は、お先真っ暗ということができよう。

地殻変動《ちかくへんどう》が起きるまでの社会は資本主義であった。資本主義とは読んで字のごとく、資本——金がすべてを支配していく社会である。ところが、地殻変動ともいうべき円高革命で、いっきょに吹き飛んでしまった。では、資本主義に変わってどんな時代がきたのか、といえば人間主義である。どんな人間が、人材が、その企業にいるかによって、その企業の命運が決まってしまう。

資本に人間が支配されるのではなく、人間が資本も技術も支配していく、人間中心の社会ということだ。高収益を挙げている企業に共通していえることは、人材の質、量とも、同業他社に比べて断然厚いということである。その人材が仕事をこなし、金を稼いでくるのである。

松下幸之助はかつて、「松下電器は、製品をつくる前に人間をつくっている」といい切ったが、いい得て妙であった。

人間、つまり人材をつくっているからこそ、そこでつくる製品はいいものができるのである。このことは、まず間違いない。一流の人間がつくるから一流の製品ができる。

私は、以前、年頭の『経済界』の編集会議で「君たちが、それぞれに一流の記者になってこそ、でき上がる雑誌が一流になるのだよ。二流、三流の記者が、いくら集まってつくっても一流誌になるはずがないのだよ……。主幹である私が一流と世間が認めるならば、『経済界』は一流になる。私もやるから、君たちも頼むぞ」というと、それぞれが「やります」というのであった。

人を育てる。言うは易く、おこなうは実に難しい。やはり、年月をかけて樹木を育てるように、コツコツと努力していく以外にない。

まず、人間には隠されているいろいろな資質がある。その資質をいかに引っぱり出してあげるか、ということである。それには、チャンスを与えてやることだ。体罰の問題が言われているが、肉体をいじめるスパルタ教育で簡単に人が育つとはとても思えない。

人材を育てる要《かなめ》は〝信頼〟の二文字

サッポロビール（現・サッポロホールディングス）の高桑義高《たかくわよしたか》は、『経済界』の〝提言〟で、人材育成論を次のように述べている。

「企業は人なりという言葉があるが、今日の企業は、これまで以上に、この言葉の重みを噛みしめるべき時代となってきた。激動の時代と呼ばれる八十年代、そしてきたる二十一世紀を担う有為な人材が、今ほど求められているときはない。とりわけ、国際化社会といわれる今日、海外を舞台にグローバルな活躍のできる人材の育成が急務になっている。

人材の育成にあたり、最も重要なことの一つは、当然のことながら、個々人が自発的に才能を伸ばせるような社会環境をつくることである。手前味噌で恐縮だが、弊社では、各種の通信教育を実施している。この講座を無事に卒業した者には、会社で受講料の半額を負担してあげるが、途中で落伍《らくご》した者には、全額を本人負担にさせている。

この制度は、受講者に会社のためではなく、自分のために能力開発をしているのだとの自覚をうながすためのものだ。会社側が何もかもお膳立てをするのではなく、本人のやる気を引き出す環境づくりをすることが重要だと思う。新入社員の研修についても同様だ。基本的には、ＯＪＴでやる気を引き出すことが肝要であろう。もちろん、システムを組んで業務上必要な知識などを学ばせることも必要だ。ただ、その際、毎年システムの見直しをするとともに、必要があれば修正を加えることも忘れてはならないだろう。時代の変化は極めて早い。

何よりも大切なことは、部下を信頼することだ。これは国際人の育成という点でも、必須の条件だと思う。

弊社では中国での合弁事業のため、数人の社員を派遣している。それらの社員は、自費で中国語を勉強していた。これまでのキャリアから見ると多少不安な点もあったが、本人のたっての希望もあり、思い切って派遣した。そして、商談は上首尾に進行している。

やる気のある社員、可能性のある人材には、どしどしとチャンスを与え、海外にも出すべきである。そうした思い切った対処をすることが、人材の育成には必要不可欠であると、私自身痛感している。海外、世界というと、いかにも広大な地域を連想しがちだが、今や世界はどんどん狭くなっている。そうした意識を持って、恐れず世界に人材を派遣することによって、多少の失敗はあっても一回りも二回りも大きく育って帰ってくるのだ。

部下を信頼し、責任と権限を与え、難局に直面させる。その困難を克服してこそ、真の人材に成長する。信頼されてこそ、人はやる気になるものだ。人材育成の要も結局は、信頼の二文字にいきつくと思う」

これは、一つの見識であろう。考えてもみたまえ。戦後解体された、三井、三菱、住友という財閥系の企業が猛然と盛り返してきたのは、〝人材〟という資源があったからであった。

これらの財閥系の企業とは対照的に、戦後、雨後の筍のようにでき上がった企業は、ひとたび風雪に合うと、ヘナヘナとつぶれていったのは、とりも直さず人材が育っていなかったからであった。

あなたには軍師《ぐんし》がいるか

その企業に軍師がいるかいないかが、将来の命運を決めていく、といっても過言ではない。今日の企業戦争は、すべて個人戦ではなく団体戦なのである。集団と集団の戦いである。そして、その集団を、大将一人ですべて統括することは不可能である。よく小、中堅企業で、大将が軍師も兼ねているところがあるが、これでは大きくなれないのである。もし適当な人物が社内にいなければ、スカウトしてでも連れてくるべきである。

ホンダという世界的な企業のルーツをみよう。本田宗一郎《ほんだそういちろう》という、天才ともいうべき技術屋の大将がいた。ところがこの男は、営業も経理も、まことに不得手であった。

本田は、浜松の小さな鍛冶屋の親父であった。そこに、たまたま、藤沢武夫《ふじさわたけお》という男との出会いがあった。藤沢も小なりといえども、小さな会社のオーナーであった。二人は意気投合した。本田は、「技術以外はみんな君に任せるよ」といった。本田は技術バカよろしく、いいオートバイをつくることに専念したのであった。

製品をつくること以外は、すべて藤沢の仕事であった。本田は、経営とか営業の仕事は、すべて藤沢に任せきってしまった。本社に社長室もつくらなかった。油にまみれ、狭山の研究所にいた。本田は、「俺は小切手帳というものを見たことがないんだよ」といい切るのである。

本田も偉いが、それ以上に黒子に徹した藤沢は立派であった。この本田、藤沢のコンビが、世界のホンダとなっていくルーツであった。

本田はまだまだこれからの年齢なのに、昭和四十八年（一九七三年）、社長を退いたのである。すると藤沢も、「俺も辞めるよ」といった。二人の心は、そこまで結ばれていたのである。

ソニーにしても然りである。大将は井深大《いぶかまさる》であった。戦後、東京通信工業という企業を細々と経営していた。本田と同じように、井深も技術の天才ではあっても、商売は不得手であった。焼け野原となった東京・日本橋の、裏通りの小さなビルで、食うや食わずの仕事をしていた。

井深は、仲間が欲しくて、海軍時代の仲間の盛田昭夫《もりたあきお》に協力してもらうために、名古屋に行った。

一方、盛田はつくり酒屋の長男で、いずれ後継ぎになる予定だった。井深は、「ぜひ昭夫君をいただきたいんです」と盛田の父に頭を下げた。盛田の父は、誠実そうな井深青年を見て、「いいですよ」と大切な息子を、持参金つきで〝放出〟したのであった。

盛田家には、豪商の血が流れていた。盛田は、「なにしろ井深さんは人がよすぎて、すぐにだまされてしまうんですね。だから、僕がいつも悪役を買って出たんですよ」といった。

盛田は、技術以外のことをとりしきった。あきらかに軍師であった。この軍師は、日本で英語をマスターして、アメリカを初め、対外戦略を手がけていく。もし井深一人であったら、ソニーもこんなに大きく発展しなかったであろう。

伊藤忠商事はなぜ大躍進したか

伊藤忠商事が、万年三位の地位からトップに躍り出たというニュースに接したとき、私は思わず「やはり瀬島〝参謀〟がいたからだな!」と叫んだのであった。

かって伊藤忠商事は、ささやかな関西の繊維商社であった。ところが越後正一《えちごまさかず》が社長になってから東上作戦をとったのであった。越後は根っからの近江商人である。それに器の大きな人物で、将の〝将〟たる人物であった。

越後が常務の時代に、瀬島龍三は、一介の嘱託として入社した。瀬島の履歴書といえば、陸軍大学卒……、賞罰なしだけであった。瀬島は根っからの職業軍人であり、陸大を出て大本営の参謀となった。戦後、捕虜としてシベリアに抑留され、独房生活を送る。奇跡的に帰国後、伊藤忠に就職した。

越後は、ある会議で瀬島の発言を聞いて、「ただ者ではない……」と直感したのであった。その越後は、「まことに論旨が明快で、説得力があるんだ」といった。

越後が社長になると、瀬島を起用していく。商社の中枢機関ともいうべき、業務部長に抜擢したのである。

瀬島参謀は、ここで繊維商社から、総合商社へのシナリオを書いたのである。越後大将は、瀬島軍師のシナリオ通りに実行していった。

これが、伊藤忠が総合商社へ脱皮していったルーツである。瀬島は常務となり、会社の要となっていく。そして、すべて越後—瀬島ラインで決定していったのである。当時の姿は、ちょうど日露戦争のときの、大山巖《おおやまいわお》元帥と名参謀児玉源太郎《こだまげんたろう》のコンビを彷彿させるものがあった。

瀬島が常務から専務になるとき、あらぬ瀬島の噂が立った。さすがの越後も迷った。しかし、「もし、僕がこれで瀬島君にだまされるならば、それも運命だ」と腹を決め、専務に昇格させたのである。

瀬島は、ひと言も弁解しなかった。やがて副社長になり、瀬島軍師は縦横に活躍していく。瀬島は、「越後さんは、ドーンとみこしの上に乗れる器があるんだな」といっている。

ともあれ、越後が瀬島を〝軍師〟として活用したことが、今日の伊藤忠発展の秘密を解くカギなのである。

マスコミ嫌いでは経営者の資格なし

マスコミ嫌い、という経営者がいる。マスコミの取材に、いっさい応じないのである。これが上場企業の社長だから恐れ入る。そんな会社の経営がよいはずがない。ましてや、世間の人気が高いはずがない。少なくとも上場企業のトップは、ある部分は公人である。当然、社会的責任をともなう立場にある。だからこそトップは、襟《えり》を正さなければならないのである。

そして、企業と大衆との接点に立っているのがジャーナリズムである。経営者は、自分の考え方や経営方針を、ジャーナリズムを媒体として大衆に知らせることができる。このジャーナリズムとの接点を絶つということは、もはや社長失格といわれても仕方がないのである。

マスコミを敵にするということは、ある意味では、世論を敵にするということになる。世論は大衆を代表している。この世論を敵にして、企業経営が成功するはずがない。

マスコミを敵にまわして失敗するのは、経営者だけとは限らない。政治家も世論を敵にすると、やがて没落の道を歩むようになる。

田中角栄《たなかかくえい》が、『文藝春秋』でその金脈を追及されたときであった。その日たまたま、私は赤坂の料亭で、当時、野村證券（現・野村ホールディングス）の副社長だった田淵節也《たぶちせつや》らと会食をしていたのである。

当時、『経済界』はまだ月刊で、発売日が『文藝春秋』と同じであった。私は係の人に頼んで、『文藝春秋』と『経済界』を買ってきてもらった。そして十人近くいた経営者の前に置いて、「この『文藝春秋』の一撃で、田中内閣は長くて一年、早ければ半年で瓦解《がかい》すると思いますよ」といったのである。田淵以下、居並ぶ経営者は、「えっ！」といった。すかさず田淵は、「だって、角さんは最高権力を持つ総理大臣ですよ」といった。続けて、「その理由は……」とたたみ込んできた。私は「もし、日本に民主主義が定着しているならば、という前提ですが」といってから、アメリカのウォーターゲート事件で失脚した、リチャード・ニクソン大統領のことを話したのである。

「ニクソンは、五十三万部たらずのワシントン・ポストという一地方新聞に、ウォーターゲート事件をスッパ抜かれて失脚したんですよ。この『文春』の田中角栄追及で、田中角栄は必ず駄目になるはずです」と私は断言した。田淵は、「正忠さんの予言は当たるからな……」といった。

それは十月十日のことであった。それから二ヵ月もたたないで、田中は自ら辞任していったのである。その翌年の経済団体の新春パーティで田淵に会うと、「いや、脱帽です。正忠さんにあらためて敬意を表します」といわれた。

その後、私は人づてに、『文藝春秋』の当時の編集長のTが、「あの田中追及は、何も内閣をつぶそうと思ってやったのではない。田中角栄の財産形成が、どうにも腑に落ちないのでやったまでのことですよ」といっているのをきいた。また、「『文藝春秋』は田中内閣をつぶしてしまった。大変な力ですね」といわれたことに対して、「『文藝春秋』にはそんな力はありませんよ。ただ、『文藝春秋』を読んだ日本人の心が、田中角栄から離れたのは事実だと思いますね」といっている。

ロッキード事件は、その後に発覚したのであった。世論を敵にして、その座を失っていった田中角栄であった。

マスコミとはこう付き合うのがいちばん

私は、マスコミとの付き合い方が最も上手な経営者の一人に、松下幸之助をあげる。松下がまだ現役の頃、私は必ず、年に何回かは彼に会っていた。松下は、私の取材の申し込みに対して、時間の許す限り会ってくれたのである。会見の場所は、御成門にあった東京支社だったり、大阪の本社だったり、ホテルだったりした。時間は長くて一時間三十分。短いときでも、私の求めに応して、最低一時間はとってくれたのであった。

最初の三十分くらいは私が取材する。松下はどんな質問にも丁寧に答えるのであった。私のインタビューが終わると、「ついては佐藤さん」といってから、「最近の松下電器についてお気づきのことはありませんか」と逆に松下が質問するのであった。

松下ともなると、お世辞なんかいっても、即座に見抜かれてしまう。むしろ苦言をいったほうが喜ぶ。私はそのため、松下と会うときは、いくつかの苦言を用意していった。それは主に、経済、政治、業界のことである。松下は、いろいろなことを質問する。一つひとつ、私は知っている限りのことを答えていった。したがって、松下と会う前は、私も勉強していかなければならなかった。

会見が終ると、「いや、今日は有り難うございました。この歳になると、なかなか本が読めません。耳学問がいちばんですわ。佐藤さんは私の家庭教師です」といいながら頭を下げるのだ。そして、必ずエレベーターまで送ってくれる。

松下幸之助ほど、マスコミを大事にした経営者はいないのではなかろうか。

自社への批判には謙虚に耳を傾けよ

私はかつて、丸紅の広報担当重役として専務取締役にまで栄進し、その後、セコム（副会長）に転じた小島正興《こじままさおき》と対談し、弊社から『戦略広報論』なる本を上梓《じょうし》したことがあった。ご存じのように、かつて（昭和四十八年頃）、マスコミによって猛烈な商社批判が展開されたことがあった。とくに小島のいた丸紅は、その矢面に立たされたのである。小島は、連日のように記者会見に引っ張り出されたのであった。

小島は、「当時は本当に苦労しました。儲けすぎとか、買い占め売り惜しみとか、いろいろいわれましたが、何が買い占め売り惜しみだといいたかったです。価格というのは市場原理で決定されるわけです。それが独占市場でも形成されているなら問題ですが、自由競争原理によって決定されているわけです。日本の国内価格というのが、世界の市場価格と遊離《ゆうり》して存在し得るはずがないではないか、といってもわかってくれない」と語っていたが、当時のマスコミの論調は、日本だけが異常に値上がりしているというものであった。

しかし、小島がいうように、現実はそんなことはなかったのである。これも後でわかったことだが、先進諸国の中では、日本の値上率はむしろ、いちばん低かったのである。

だが嵐の中に入ると、誰も冷静な判断ができなくなってしまう。そのことを経営者はよく知る必要がある。

企業はある日突然、マスコミの批判にさらされることがある。その最も多いケースは欠陥商品問題である。こういう状況でトップはどういう対応をすればよいのか……。

「マスコミの影響力というのは大きいですから、社員は動揺します。そんなときは、とにかく気持ちの動揺を抑えて、各自が自分の責任をキチッと果たすことでしょう。いちばん恐いのは、みんながそのことに気をとられ、肝心の仕事がお留守になることです。広報マンというのは、外部に対する広報も大切な仕事ですが、社内広報も重要な仕事なんです。どうしても会社のことがマスコミに出ると社内が暗くなりますから、襟を正すことも必要です。しかし、あまりそれにこだわるというのもマイナスです。そんな状態のときは、誰もが緊張していますから、仕事のミスも出やすくなるんです。よく一度事故が起こると続けて事故が起こりますが、あれはほとんどの場合、緊張しすぎる結果なんです」

小島はこう語っていたが、会社の傷を大きくするも小さくするも、トップの対応一つにかかっているといっても過言ではない。

その場合、トップがとり得る対応は、いかに会社のダメージを最小限にとどめるかにある。私は、この対談中にも話したのだが、私の記憶に残っているものとして、欠陥商品が出たときの本田宗一郎の対応がある。

本田は、自社製品に欠陥車が出たと報道されるや、間髪を入れずに、その車種をすべて回収したのである。当時、本田技研工業は伸びてはいたが、その経営基盤は、現在ほど安定したものではなかった。それにもかかわらず、本田は敢然とその処置をとった。それにより、本田技研工業の企業イメージは保たれたのである。

もし本田が、もっと甘い処置を考えたとしたら、あれほど急速に立ち直ることはできなかったに違いない。

経営者は、自社に対する批判には謙虚に耳を傾け、正すべきは正すという姿勢を常に持つことが必要である。それがマスコミと接するときの基本になる。この基本を忘れない限り、それほどひどい間違いをすることはないであろう。

私は、マスコミとの付き合い方は、何も必要以上にベタベタする必要はないと思う。ありのままでよいのである。個性を出せばよいのである。一流のジャーナリストは、多くの公人に会っているので眼が肥えている。とくに経済を専門にしているジャーナリストは、金融、化学、不動産と、すべての業界の悩みをつかんでいる。だから比較ができる。むろん、いろいろな情報も入ってくる。

故人となった元日商会頭の永野重雄も、ジャーナリストを上手に使った人であった。とくに日商会頭ともなれば、そこに多くのジャーナリストが集まってくる。永野は、それらのジャーナリストから、いろいろな情報を積極的に入手したのである。

私もこの永野にかわいがられた一人である。それは財界人とジャーナリストという垣根を越えて、人間対人間の付き合いになっていた。

永野は度量の広い男であった。それだけに付き合う人間も多かった。したがって、入ってくる情報も多岐にわたっていた。

よく情報化社会というと、コンピュータや通信を考える人がいる。もちろん、それらも重要な要素である。しかし最高の情報源は人間なのである。人間を抜きにして、情報を語ることはできない。

永野は、何よりも人間を大事にした。それは、私が病気療養中、六回も見舞ってくれたことでもわかる。信州、厚木、伊豆と、病院が変わるたびに見舞ってくれたのである。

永野は、最後まで人の話を聞く度量と柔軟性を失わなかった。それが人間永野重雄の魅力であった。

金の使い方を誤るとすべてを失う

お金というものは、儲けることも難しいが、それ以上に難しいのが使い方である。その使い方を誤ると、経営者の運命が狂ってしまう。昔から高額の宝クジに当たった人の末路が、ほとんどといっていいほど哀れになっていることでもわかる。不労所得のお金がポーンと転がり込む。そうなると、人は有頂天になって、金銭感覚が麻痺してしまう。そして、あれよあれよという間に金を使い果たして、元のモクアミになってしまう。

経営者が最も注意しなければならないことは、女性に対する金の使い方である。かつて

Kという不動産業者がいた。一億総不動産屋といわれた時代に、別荘の分譲で成功し、巨利を稼いだのであった。にわか成金になったのである。毎晩のように、銀座で豪遊していた。そして、ある美人女優と出会って、その運命が狂っていく。ポーンと大金をはたいて、その女優が主演している芝居のキップを買うようになった。

Kはその女優に夢中になってしまった。そして糟糠《そうこう》の妻を捨て、女優と結婚した。だが、Kは仕事はそっちのけで女優にのめり込んでしまった。地方公演にもどこにでもついていく。まるで付き人のようであった。Kは知り合いの経営者にもキップを売りつけるようになる。むろん、自分の会社の社員にも買わせる。

こんなことをしていて経営が成り立つわけはない。かつての不動産ブームの終焉とともに、Kの会社も倒産したのである。Kは人のいい男だったが、経営者としては失格である。当時、私は「仕事に打ち込め！」と助言したが、女にノボせていて、聞く耳を持たなかったのである。湯水のごとく、女につぎ込んでしまったのである。

会社を倒産させたKは、最後は女優にも捨てられてしまった。Kは、泣く泣く前の妻の元に戻ったが相手にされるわけもない。今、Kがどんな生活をしているのか、その消息を聞いたことがない。

金の使い方を間違えた男の末路は哀れである。それは、経営者もサラリーマンも同じであるが、経営者のほうがはるかにその責任は重大である。なぜならば、従業員全員が路頭に迷うことになるからである。

金は徳を積むために使うべし

では、上手な金の使い方とは、どういうことなのであろうか。結論からいうと、〝徳〟を積むという使い方である。この方法で上手に使っていくと、〝陰徳あれば陽報あり〟ということになっていく。

金の使い方の上手い経営者の一人が、松下幸之助である。大阪の梅田にある大阪駅前の陸橋は、松下が寄付したものである。何億という巨費を、松下は個人で出したのである。普通ならば、〝松下ブリッジ〟とか、自分の名前を出したいところだが、松下はそれを断わった。だから誰も松下が寄付した金でつくったとは思わない。

松下は、自分を育ててくれた大阪という土地に報いただけなのである。決して、反対給付を求めない。出しっぱなし、与えっぱなしである。だからこそ陰徳となっていく。松下には、隠して積んでいる徳がどれだけあるかわからないのである。

同様に、これも大阪からスタートした、サントリー（現・サントリーホールディングス）の佐治敬三《さじけいぞう》の父、鳥井信治郎も〝徳〟の人であった。鳥井は、利益三分主義を唱えていた。それは、利益の三分の一は会社に、もう三分の一は従業員に与えて、残りの三分の一は社会に還元するというものである。

鳥井は、関西の名刹のお坊さんが寄付を求めにくると、「私の条件を聞いて下さるならば、お申し込みの金額、よろこんで出させていただきます」といった。住職がその条件を聞くと、「社名も私の名前も出さないということです」というのであった。関西の神社、仏閣が、どのくらい鳥井信治郎の世話になったかしれないのである。

佐治敬三は、その次男である。佐治は、子供の頃、よく道頓堀を歩いた。そこに乞食《こじき》がいると、佐治の母親は必ずお金を与えた。そのとき佐治は、母から、「決して後ろを振り向いてはいけません」といわれたのである。

鳥井信治郎は、大阪大学で留学したいと思っても、金がなくてできない優秀な学生がいると、費用の面倒を見たのである。しかも、「誰が学費を出しているのか絶対知らせるな」というのであった。そんな学生が、年間に五、六人はいたのであった。

私は、山崎にある研究所にいき、内部の工場を中心に取材を進めていた。そして、故鳥井信治郎のそれらの秘話を知ったとき、必ずサントリーは復活すると信じたのである。この鳥井の子である佐治敬三にしても、どれだけ隠れて徳を積んでいるかしれないのである。たとえば、友の苦境をどれだけ陰で救っていることか。かつて、マルマンの片山豊《かたやまゆたか》がゴルフ場経営に失敗して、ダウン寸前になったことがあった。片山は、青年会議所時代に一緒だった縁で、佐治に救いを求めたのである。佐治は、「いいですよ……」といって、マルマンのライターを大量に引き取ったのであった。片山は、「佐治君に助けてもらったからこそ今日があると思う」と述懐している。

困った人を助けていく。そういうことに金を使う。これは、〝生きた金〟になる。佐治は、「そういう〝陰徳あれば陽報あり〟ということは、当時の大阪商人に広く普及していた考え方だったようです。信仰というより信心という形で。親父もそうだったんでしょうね」と語っている。

〝生きた金〟を使う人の一人に、五島昇がいる。五島は、どれだけ隠れて人を助けているか、はかりしれないのである。

堀田政孝という政治家がいた。五島と東大でクラスメイトであった。だが、堀田は志なかばでガンで倒れていく。そのとき五島は、こっそりと遺族が生活に困らぬように面倒をみたのであった。

そのようないいことは、不思議にどこからともなく世間に広がっていく。佐治敬三は、推されて大商会頭となり、五島は、日商の会頭となった。この二人の陰徳を知っているものとしては、なるべくしてなったと思うのである。

金は〝心の表現〟と心得よ

私は、お金は心の表現である、という哲学を持っている。これは、私が大病したときの体験によるものである。

私が病気で倒れると、いろいろな方からお見舞いをいただいた。私は最初、救急病院からお茶の水にある東京医科歯科大学医学部附属病院に移った。小さな個室が私の病室であった。朝から見舞い客が訪れてくる。そのほとんどが、お花かメロンのみやげを持ってくる。多いときには、一日に三十個以上の果物がくる。小さな病室だったので、置くところがない。お花も十も二十もあると、これも処置に困ってしまう。信州の鹿教湯病院に行っても、同じような状態が続いたのである。

そういう中にあって、最も嬉しいお見舞いは現金であった。金額はいろいろだが、苦労人の経営者ほど現金を包んでくる。病人には、これが何物よりも有難く感じるのである。入院していると、何かと金がかかるのであった。確かに保険もあるが、個室は原則として差額ベッド代を支払うことになる。

私はそのとき、「ああ、お金とは心の表現なんだな……」と思ったのである。たとえば、十万円は十万円の心である。その点、お花とか果物は心ではないのである。あくまでも品物である。私は病人になって、初めてそのことがわかったのである。それ以来、私が病人を見舞うときは、現金を持っていくことにしている。すると、とても相手から喜ばれるのであった。これは、私が高い月謝を払って得た教訓であった。

あるとき私は、Bという中堅の建設会社のオーナー社長の来訪を受けた。その話の内容は、ある有力な財界人Zの紹介で大きな仕事をもらい、かなりの利益が出たのでお礼をしたいが、どうしたらよいか、という相談であった。

私はズバリ、「いくらぐらい考えているの？」と聞くと、彼は、ある金額をいった。それは相当な額であったが、私は、「そんな中途半端なお金では、ろくな絵も買えないね。

つまり買える品物がないのですね」といってから、「そのものズバリで、キャッシュにしなさいよ」といった。

彼は、「エッ?」といって驚いたような顔をした。そして、「Zさんはお金持ちです。キャッシュでは失礼じゃないですか」といった。

私は、「そんなことはありません。お金持ちはお金持ちで、何かと物入りなんですよ。まあキャッシュだけでなく、洋酒でもそえて持っていけばスマートですね……」といった。

私は、その日たまたま話題になっていたZと会食をすることになっていた。「もしなんだったらZさんにちょっと話しておいてもいいですよ」というと、Bは、「ぜひお願いします」といった。私はZに会ったとき、「Bがお礼をしたいといってますよ」というと、Zは、笑いとばしたのであった。

私は、その翌日、再びBの来訪を受けたのである。Bは、「Zさんに受けとっていただきました。そしてまたもう一社、ご紹介いただきました」といった。BはZの知遇を得て、業績を伸ばしたのであった。

お金というのは不思議なもので、いつの間にか人の心と心をつないでいく力を持っている。潤滑油《じゅんかつゆ》とでもいうのであろうか。

これまで日本人は、お金は汚ないものと教えられてきた。古い儒教の思想であろう。ところが現実は、金がなければどうにもならないのである。そのお金をどう使うかによって、経営者の器量が決まるのである。

人を喜ばす贈り物のコツがある

最近は、お中元、お歳暮というものは事務的、形式的になってしまった。そんな中でも、心温まる贈り物がある。

私が関西に旅行中のことであった。突然、何の前ぶれもなく、三井物産の八尋俊邦《やひろとしくに》の来訪を受けたのであった。八尋は、私のためにゴルフ場で使用する〝特製〟のステッキをプレゼントしてくれたのである。持ってみると、軽くて使いやすい。

八尋がファイブハンドレッドクラブでプレイしたときに、そこの売店で求めたものだ、というメッセージがあった。体の不自由な私のことを思ってのプレゼントであった。

八尋と私の出会いは、オイルショックの翌年、昭和五十一年の早春であった。私は、イラン石化の現地バンダル・ホメイニ（当時バンダル・シャプール）を取材旅行することになり、当時、化学担当の副社長だった八尋に、出発直前、コーチを受けたのが最初であった。

八尋は若く、情熱を込めてイラン石油化学の前途について語った。当時イランは中近東でも最も安定した国であった。むろん私が病気をする前であった。その後、八尋は、池田《いけだ》芳蔵《よしぞう》のあと社長の座についたのである。パーティなどで私に会うと、「体はどう？　何か困っていることないの？」といってくれるのである。豪快な〝ネアカ〟の一面、やさしい気配りの名手なのである。そんな八尋らしい、ステッキの贈り物であった。

ステッキといえば元〝鬼〟の銀行局長といわれ、商工中金副理事長から野村総研所長としてスカウトされた徳田博美《とくだひろみ》から電話で、「今から行くから、十分だけあけて下さい」といわれた。待っていると徳田が現われ、二本のステッキを私の前に差し出したのである。黒檀の黒光りするステッキであった。

「アメリカとヨーロッパを回ってきましてね。ニューヨークとロンドンで、このステッキを佐藤さんのために買ってきたんですよ」といった。

ステッキの本場はヨーロッパである。一本はロンドン製で、一本はイタリア製であった。大病をして、今や身体障害者の私にとって、ステッキはもはや〝伴侶〟である。一時期、いいカッコして、ステッキを捨てて生活していたことがあった。ところが、二度、散歩中にドカッと前につんのめって、大ケガをしたことがあった。悪いほうの左の足がよく上がらないのである。それから、ステッキを愛用することにしていた。私の使っていたステッキは、むろん日本製の安物であった。

「使ってみて下さい……」といって徳田は消えた。使ってみると、外人用なので、背は高いほうの私でも少し長いのである。銀座の専門店で十センチほど切断して使っている。やはり一流品は違う。何ともいえず手の感触がいいのである。

使い始め、瀬島龍三のオフィスを訪ねたときであった。黒光りするステッキを見て瀬島は、「いいものですね」といった。私が贈り主をいうと、「そうでしょう。正忠さんは自分で買うわけがない」と大笑いとなった。

瀬島のいうとおり、私という男は、まったく自分のことに金をかけないのである。〝安上がり〟にできている。そんな私だから〝高価〟なステッキを買うわけがない。だからこそ、徳田の〝心〟がうれしいのであった。

コラム

女性から学ぼうとする姿勢が人生を豊かにする

◉二人の女性経営者から教えられたこと

プランタン銀座社長の石井智恵子さんと、岩波ホール総支配人の高野悦子さんの二人に〝女と仕事〟というテーマで対談してもらったことがある。

雑誌『経済界』の誌上であった。私が司会をした。お二人は、昭和四年生まれで、大の親友なのである。

石井さんは、百貨店という難しいビジネスで、見事に成功していた。

「若い女性に絞り込んだんです」といった。誰も彼もではなく、若い女性に絞り込んだことが、成功のポイントのようだった。

「あたし、お店で物を売ることが大好きなんです。好きなことをしているので、こんなに幸せなことありません」と石井さんはいった。

高野さんは、日本で最初のミニシアターを成功させた人である。

若くしてフランスに留学、映画の勉強をしている。東宝で映画の仕事に従事して、岩波ホールの創立に参加。白眼視されていた小劇場の経営を見事にやってのけたのである。

高野さんも、映画が好きで好きでたまらないのである。

岩波ホールで上映される映画を一本決めるのに、百本近くの映画を見るとか。カンヌ映画祭に行ったときなんか、一日に三本、五本も見るとか。

「最後に、〝これだ！〟と決めるときの気持ちはどうなんですか」

と聞いてみた。すると、

「もう動物的な勘以外の何物でもないんですね」

といった。私は、

「だってその動物的勘も、にぶるときがあるんじゃないですか」

と聞いてみた。すると彼女は、

「その通りです。そのようなときには、たとえばパリに行ったときにはルーブル美術館に行くんです。ゴッホとかミレーとか、本物の絵を観るんです。すると、また勘が戻ってくるんです。ロンドンに行ったときは大英博物館に行くんです」

といった。もう重労働である。

百本を見て、その中から一本を決める。そんな中に、『八月の鯨』など、私たちを感動させた数々の名画が上映されたのであった。

彼女は、昭和四年生まれである。

会っていると、もう乙女のように初々しいのである。

その二年前だった。

「悦子のために死ぬわけにはいかない……」といっていた母堂《ぼどう》が亡くなられたとき、私は葬儀に参列した。高野さんにとって最後の生き甲斐こそが母堂であった。

私は飾られていた母堂の写真を見ていて、思わず涙が込み上げてくるのであった。

「悦子さん、ごめんね、ごめんね……」と高野さんに囁きかけているかのようであった。明治の女だった。

戦争中に高野さんは、あの凛々しい海軍兵学校の生徒にあこがれていた。

「海兵に入りたい……」というのが、高野さんの夢だった。

しかし、女性なるがゆえに、入学は許されなかった。

日本女子大学で南博教授のゼミに参加した。海兵こそ入学できなかったが、映画の世界にのめり込んでいった。

パリに留学したときに、世界各国から来ている映画学生と一緒になった。

「そのときの人脈が、とてもプラスになっているんです」

と彼女はいった。

世界のあちこちで、それぞれ監督となり、プロデューサーとなり活躍しているからだ。

石井さんは、レナウンの戦後創業者、尾上清氏《おのうえきよし》が師であった。

尾上氏は既に故人となられているが、仕事には厳しかったが、人には優しかった。

お客様を大切にすることを教えられた。商売の原点を教えられた。

「お仕事が好きで好きで、たまらないのです」

といった。

プランタンでは、男子もたくさん使っている。

「男の子を使うコツは？」と聞いてみた。

すると、「男の子ということを考えたことがないんです」と、ポツンと言った。

プランタンはダイエー系列の百貨店である。

「ダイエーのオーナー中内切《なかうちいさお》さんって、素敵な方なんです。あたしは尾上清さんとか中内切さんとか超一流の方にお仕えできて、とても幸せです」といった。

高野さんにも石井さんにも共通していることは、仕事が好きだということである。好きなことをやっているのだ。

ここが男と女の本質的に違うところかもしれないと思った。

お二人とも、男とか女とかいう性を離れて、立派だということだ。女性ということに少しも甘えていないのだ。そこが凄いと思った。

私は、これまで一流といわれる男性に多く会ってきた。

ところが、一流の女性と付き合ってみると、男にない新鮮な見方や、おやっと思わせる視点から見ているのであった。

私は若き日に、リコーや三愛の創業者市村清氏の秘書をしていた。

市村氏は、よくいっていた。

「これからの経営は、若い女性を知らなくては、できないよ……」と。

考えてみたまえ。人類の半分は女性なのである。

いくら本を読んでみても、女性は分からない。ドーンと心を開いて付き合ってみることだ。その中から、いまだ感じたことのなかったフレッシュな感動を、必ずやあなたはつかむであろう。

第四章

仕事だけの人生であってはならない

仕事だけの人生であってはならない

仕事が趣味だ、という人がいる。仕事を趣味にまで高めていくのだから、これも一つの生き方かもしれない。しかし、仕事というのは、いつの日かはなくなることがあるのを知るべきなのである。

私の知っている高名なバンカーは、仕事だけの男だった。仕事、仕事、仕事と一途に仕事に取り組んでいった。それは経営者としては立派であった。だが、現役を引退すると、これほど惨めなこともないのである。男は女性と違って、家にいてもやることがないのである。それまで仕事一途の人は、現役を引退した途端にボケてしまう。まして現代のような高齢化時代には、その余生はかなりあると覚悟しなければならない。だから仕事から離れられないんだ、という人も多い。しかし、これも寂しい。周囲からは老害といわれているのも知らず、俺がいるから会社は安泰だ、と本人は思っている。

自分の趣味を持つと、すべてのことに余裕が出てくる。自然、仕事もよく見えるようになる。趣味の時間は、経営者にとって、完全に自分の時間である。ホッとする瞬間でもある。アイデアはこういう時間に生まれる、とよくいわれている。そういうことも考えて欲しいのである。第一、趣味を持てば人生の楽しみが何倍にもなるのである。

よく〝終りよければすべてよし〟といわれるが、これは経営者にとっても大事なことである。自分の晩年をどう過ごすか、それで評価が決まることもある。経営者というのは、会社のリーダーであると同時に、社会のリーダーでもある。リーダーは自分の晩節《ばんせつ》を汚してはならない。

この章で登場する人たちは、すべて自分の趣味を大事にしている人ばかりである。その中にはプロ級の腕前の人もいる。あなたもどうか自分の趣味を持ち、もう一つの人生の喜びを味わって欲しい。

一流の経営者は趣味も一流である

経営者として一流の人は、その趣味も一流というのが私の持論である。たとえば三井住友銀行の小山五郎である。相談役に退いて、悠悠自適の生活を送っていた小山の名前が、突如マスコミを賑わせたことがあった。あれはもうどれくらい前になろうか……。三越元社長岡田茂解任事件である。それ以前から、岡田の乱脈経営はマスコミで報道されていたが、岡田の権力の前に誰も抵抗できなかった。そこで敢然と立ち上がったのが小山五郎なのである。

この岡田解任劇で小山株は暴騰し、三井グループの、文字通り総帥であることを天下に知らしめたのである。

この小山の趣味は絵画である。生涯の作品集、『小山五郎画集』を世に問うたのである。それは、静岡高校時代からの油絵の作品を網羅したものである。私は、小山が画集を出版するとき相談を受けたのである。

小山は、「迷っているんだが、どうだろう?」といった。私は即座に、「出版すべきです。そうしないと、作品がバラバラになってしまいますよ」というと、「では、やることにしよう」と小山はいった。作品集のあとがきには、私とのいきさつが紹介されている。

その画集は、いわば、小山の絵の履歴書であった。小山の絵は、デッサンがしっかりしていて、色彩が素晴らしいのである。プロといっても通用する、と思った。若いときからの作品を、こうして画集にして味わってみると、画家小山五郎という彼のもう一つの顔が浮かんでくるのである。

この作品集の中に、日光菩薩という作品がある。私は、その原画を、小山の自宅にあるアトリエで見ている。それは、小山が奈良の薬師寺にあるものを描いたのであった。これは、薬師如来の脇侍《きょうじ》として立つ月光菩薩と対になるものである。

その作品は、何かジーンと心に迫るものがあった。すぐ隣に梅原龍三郎《うめはらりゅうざぶろう》画伯の五十号近い作品があるが、その迫力において勝るとも劣らないのである。そのことを小山に伝えると、小山は、「この作品を描きながら、つくづくプロの画家にならなくてよかった、と思った。というのは、プロになっていたら、きっと行き詰まって自殺していたのではないか……」といった。アマチュアだから楽しんで描けるんだな、ともいった。ある意味ではアマチュアは幸せである。本当に楽しみながら描くことができる。ところがプロの画家になると、そうはいかない。

小山は、「木枯らし吹く夜、赤々とストーブの燃えているアトリエで絵筆をとっていると、しみじみと人生の幸福を感じるよ」と語っている。そして、「ビジネスというものは、それなりに苦しいものだよ。つらいものだよ。〝趣味〟というわけにはいかないよ。だからこそ趣味を持つことが必要なんだ。絵を描いていると、頭がカラッポになる。そして描き終わると、〝よし、やるぞ〟という仕事へのファイトが湧いてくるんだよ。ビジネスの

ために も趣味が必要なんだよ……」というのであった。

その小山と絵との出会いは古い。子供の頃から絵が好きで、中学を卒業すると、上野の美術学校（現・東京芸術大学）に進みたいと思った。父にそのことを話すと、「バカ！　お前は〝河原乞食〟になるのか」と一喝されたのである。

その頃は、絵描きなどでは生活できなかった。しかたなく小山は、静岡高校から東大に進み、三井銀行に入った。プロにはなれなかったが、趣味としての絵を描き始めていた。

小山は静岡高校時代に、小山自身、「絵の先生であり、人生の師」といっている曽宮一念《そみやいちねん》と出会った。その曽宮に直接指導を受けたことが絵への開眼をもたらした。

小山は、その曽宮について、「寒色の曽宮、暖色の梅原（龍三郎）といわれるほどのカラリストだった。当時から、青白い顔に黒いマントをまとって、さっそうとした風格を持っておりました。彼は彰義隊の落胤《らくいん》で、名誉に恬淡《てんたん》としておりましたね。とにかく画廊回りということを一度もしませんでしたね。『オレの絵は下手だし、売れるものではない』というのが口グセでした。池大雅《いけのたいが》のことを尊敬していて、『絵画乞食でいいんだよ』とよくいっていました」と語っている。この曽宮は後に失明したが、堂々たる人生だった、と小山はいう。

小山は、アマチュア画家の中でも横綱級である。その絵は風格があり、それとともに宗教的になっている。海外を旅するときはスケッチブックを手離さない。スケッチして、帰国してから自宅のアトリエで絵にしていく。まさに小山にとって現在が〝黄金の時〟なのである。

一日最低一時間は読書にあてるべし

絵といえば、キャリアは浅いが、昭和電工の鈴木治雄《すずきはるお》も、絵を趣味にしている一人である。鈴木は、公職追放解除後の昭和二十六年（一九五一年）に常務に就任して以来、三十六年間トップの座にあった。その間、鈴木にとっては、苦しいことが多かったはずである。だが鈴木は、どんな難局にあっても、一貫してその明るさを失わなかった。

私が今でも鮮明に覚えているのは、阿賀野川《あがのがわ》事件で、マスコミの集中砲火を浴びたとき、「名優というのは、刑務所に入るような悪役をやっている。大根役者というのは、腰元にかしずかれた殿様をやっている。だから、私は名優なんだ」といったことである。私があとでそのことをいうと、鈴木は、「ああいう事件は素直に受け止めないと、自殺する以外になくなっちゃうんです。自分に振りかかってきた火の粉は、最善を尽くして払う。決して逃げてはいけないんです。いちばん難しい問題は、社長自らがやらなくてはいけないとつくづく思いました」と語ったのである。

その鈴木は、取締役を退くにあたって、「私がボードメンバーにとどまっていると、役員会でいろいろいいたくなってやりにくいだろう」とアッサリ退任してしまった。いかにも鈴木らしい引き際である。もし鈴木が仕事だけの男だったら、こんなに簡単に退任できなかったであろう。

鈴木が絵を描くようになった経緯が、なかなかおもしろいのである。絵の同好会（くぬぎ会）に入っていた鈴木は、友人と絵画論争をやった。そして最後にその友人に、「鈴木さん、ともかく一度自分で絵を描いてから議論しなおそうではありませんか。実践のない絵画論など無意味でしょう」といわれたのだ。鈴木が絵を描き出したのは、それからである。

鈴木治雄というと、一見書斎派のようだが、実は大変な行動派なのである。その証拠に、すでに銀座にある一流の画廊で個展も開いている。私もその個展で、〝橋〟という作品を求めたのであった。小山を横綱とすれば、鈴木は関脇というところだろうか……。

鈴木は、絵を描き始めたのは遅いが、若いときから海外にいくたびに美術館を訪ね、本物の絵を見ている。眼が肥えているのであった。ゴッホ、レンブラント、セザンヌから現代絵画にいたるまで、くまなく見ている。

ある晩秋、私は、鈴木と鐘紡《かねぼう》（現・トリニティ・インベストメント）会長の伊藤淳二《いとうじゅんじ》と、京都の宿で夕食会をもったことがあった。鈴木は、「さきほど、佐伯祐三《さえきゆうぞう》を見てきましてね……。佐伯はいいですね」といった。

佐伯はブラマンクの弟子である。あるとき、佐伯はフランスに渡り、ブラマンクに自分の絵を見てもらう。そのときブラマンクは、「お前の絵はアカデミックだ」と叱ったのであった。その瞬間が、佐伯の画家としてのスタートであった、ということを鈴木は熱っぽく語るのであった。そして伊藤に、「あなたも絵を描きなさいよ」と勧めるのであった。

前述した小山と鈴木が会うと、もう絵の話ばかりである。その楽しそうなことは、端で見ていても微笑ましいのである。

鈴木の趣味は、絵だけではない。たとえば読書。その広範囲な読書量は、東京電力の平《ひら》岩外四《いわがいし》と財界では一、二を争うのではなかろうか。たとえばカント、ヘーゲルの哲学書から始まり、文学、宗教、経済にいたるまで、古今東西の名作といわれる作品は、ほとんど読破している。そして、それを『古典に学ぶ』（ごま書房刊）という一冊にまとめているのだから驚異である。

それらの豊かな教養が、どれだけ鈴木の経営者としての危機を救ったかしれないのである。鈴木は私との対談集『知と情の経営学』（小社刊）の中で古典との出会いを次のように語っている。

「私の場合は、十七歳のときにひどい病気になりましてね。十七歳といえば、知識欲がいちばん旺盛な時期ですね。そのとき右の目が網膜眼底出血になったわけです。それでお医者さんに、あなたは人並みの生活はできないから、生涯の生き方を変えなさい、と宣告されたわけです。学校も休みなさい、本もあまり読んではいけませんといわれました。そうなると逆に、もっと読みたくなるわけですよ。当時は、私の病気には確たる治療法がなかったんです。そんなときいろいろな古典を読んでみて、しみじみ実感できたんです。私の場合は、それが古典というものに眼を開いた最初でした」

そして、このときに古典と出会ったことが、その後の鈴木の人生に大きな影響を与えることになる。

鈴木はビジネス人生において、何度か危機に出合うが、その一つに公職追放があった。

鈴木は、昭和二十年五月、常務取締役に就任した。鈴木が二十九歳のときであった。その後、日本が戦争に敗れ、鈴木も公職追放されたのである。それが解除になったのは、三年後のことであった。昭和電工の建物にいっさい入ってはいけない、小学校の教師にも、政治家にもなれないという状況であった。鈴木は、いっさいの仕事を取り上げられてしまった。その間、鈴木はひたすら読書をした。戦前は〝公〟には読めなかった本も、読めるようになった。カール・マルクス著の『資本論』、レーニン著の『帝国主義』などを貪《むさぼ》るように読んだ。

鈴木は、「マルクスにしてもレーニンにしても、実証的な勉強の上に独特な理論を出している。しかも、単に理論で終わらないで、実践に入っていったわけです。これは、ある意味では思想の技術革新ですね」と語っていた。

そんな鈴木の心を慰めたのは、実父であるメルシャンの創業者鈴木忠治のことばであった。鈴木が相談にいくと、すでに引退していた父は、「人間生まれたときは裸で生まれてくる。どうせゼロなんだからいいじゃないか。もう一度生まれたと思って、出直しなさい」といったのである。この父のことばに鈴木はどれだけ励まされ、勇気づけられたかしれない。

私は、鈴木に読書の真髄をたずねてみた。「私は、読書の真髄に関しては、孔子の『学んで思わざれば、則《すなわ》ち罔《くら》し。思って学ばざれば、則ち殆《あや》うし』ということばにあると思っています。つまり、ただ読んでいるだけではなくて、思わなければ駄目なんです。また思っているだけでは駄目で、本を読まなければ、独断的になる、ということです」と鈴木はいう。

経営者は、一日一時間は本を読むべきだと思う。よく忙しくて時間がない、という人がいるが、こういう人は、鈴木の「時間は自分でつくれるんですよ」ということばを、よくかみ締めていただきたいのである。

生涯を貫き追求できる趣味を見つけよ

新日鐵の武田豊は、趣味ではプロ級のものを二つ持っている。普通、趣味といえば、日本人はアマチュアのものと考えるが、欧米人は趣味でもプロ級を目指す。そういう意味では、武田の場合は我々の趣味という概念をはるかに超越している。

武田は、大脳生理学の権威者としてもよく知られているが、これは武田が四十六歳のときに一念発起《いちねんほっき》、毎朝四時に起きて猛勉強して習得したものである。このように、何かをやろうとするとき徹底してやるのが武田なのである。

これは、武田のもう一つの趣味である弓道の影響なのであろうか……。武田が弓を引き始めたのは八歳の頃である。それから六十有余年、弓を引き続け、九段範士。弓道界の最高峰に位置している。武道の世界は、師匠の教えは絶対である。それだけに、よい師匠に出会うかどうかで、その人の運命は決まる。「三年稽古するより、三年師を捜せ」という教えがあるが、武田の場合は、弓も大脳生理学も、ともに師に恵まれていたのである。

かつて武田は、「私が弓を引き始めて、今年で六十一年になりますが、お師匠さんたちによくいわれたことは、『原点に返って、モノを考えろ』ということなんです。たとえば自分で悩んでいたり、スランプに陥っているときは、いっさいの現象にとらわれず、原点に返れ、と。そして身体は自然体かどうか、心は平常心かどうか、前後左右、上下にわたってバランスがとれているかどうか。そういう当たり前のことを考え直すと、どういう点にヨドミがあるのかわかるんです」といった。武田は弓道を通して、何かを習得する基本的な姿勢を学んだのである。

これは経営にも通じることである。経営者として失敗する人のほとんどは、積極的な夕イプである。このタイプの人は、得てして自信過剰になり失敗する。こういうタイプの人ほど経営以外の趣味を持って欲しいのである。できれば、これぞという師について謙虚に学ぶ心を取り戻して欲しい。経営者というものは、いったん会社に入ると、自分から頭を下げる機会がない。黙っていても従業員のほうから頭を下げてくる。ところが何かを学ぶ場合は、自分から頭を下げて教えを乞うわけである。そこでもう一人、別の自分を発見する。それがいいのである。

武田は弓道をとおして、さまざまなことを学んだという……。たとえば、武田の好きなことばに〝莫妄想《まくもうそう》〟というものがある。この言葉は、北条時宗《ときむね》が元寇《げんこう》の襲来に悩んだときに、禅の師匠である無学祖元《むがくそげん》が、時宗を一喝したときに使ったことばである。この師の一喝で迷いがふっ切れた時宗は、見事に日本防衛に成功するのである。

この時宗の師・無学祖元は、嘉禄《かろく》二年（一二二六年）、南宋の明州に生まれた臨済宗の僧である。時宗に招かれ、来日。建長寺《けんちょうじ》に住み、円覚寺《えんがくじ》を開いた僧として知られている。

武田は、〝莫妄想〟ということばを額にして、新日鐵の弓道場のすべてに掛けているという。

「弓がいい例ですが、一本の弓を引くとき、その弓の完成を狙ってやらなければいけないんですよ。そのときどういう風に莫妄想するか、ということなんです。無心というのは、ただポカーンとすることではなく、一つのことに精神統一することです。つまり、雨だれが軒から自分の自由でポツンと落ちるような、放れをつくることに専心すればいいんですよ。そうすれば狙いさえ真っすぐなら、矢は揺れないで飛んでいき、的に当たるわけです。具体的にいいますと、左に弓を持って、右には矢と弦を持って引いていく。雨垂れがポッンと落ちるように引いていくには、左の弓を完全に押し、右の弦は完全に引いて、休むことなく引いて、満天のときプツンと放す。これが〝雨垂れの放れ〟なんですよ」

と、武田はいう。

私は、弓道はやったことはないが、武田のことばの意味はよく分かる。これは、ある意味では、禅の精神、お茶の精神にも通じるのではないか。武田は、「弓の一本、一本が一期一会だ」ともいった。〝莫妄想〟、よい言葉である。簡単にいえば〝妄想するなかれ〟である。

武田は、自分の趣味を単に趣味で終わらせるのではなく、それをいかに仕事に生かすかだと語る。

「武道も華道も茶道も、みんな同じですね。いかに、自分の主戦場である仕事に生かすか、ということが大問題だと思います。それをバラバラにしてセパレーツにしているようでは大成しないんです。知らず知らずのうちに生かせるようにならなければいけないんです。ここがコツなんですね」

武田のように考えると、趣味も自分の仕事を助ける一助になってしまう。

そして、武田のもう一つの趣味である大脳生理学は、武田の経営学の大きな基盤になっている。武田は、この大脳生理学を、時実利彦博士《ときざねとしひこはかせ》から学んだのである。武田が時実博士から学んだことはいろいろあるが、その最大のものは、〝人間の創造する幸福〟だと語る。

「アラン著の『幸福論』の一節に、『人間の最高の幸福というものは、意欲して創造することである』ということばがあるんです。これは、大脳生理学的にまったく正しいんです」

と、武田はいう。

武田の話では、人間の創造力を支えているものは、オデコの裏の前頭葉の部分にある。そこは、ある目標を設定すると、推理連想して、思考工夫があって、それから判断があって、そこで初めて創造が生まれる。つまり、創造をプロモートする参謀本部が前頭葉なのである。もう少し武田の話を続けてみよう。

「創造するためには、目標設定をしなければいけないんです。イノベーションだって同じです。その卑近な例としては、自主管理活動があります。それからもう一つは、前頭葉の中には、自分というものを主張する心……権利とか自由とか名誉とか優越感があるんです。つまり、前頭葉が壊れますと、人間が人間であるという最大の特徴がつぶれちゃうんですよ。そこで、前頭葉を育て上げ、刺激することが、マネジメントのいちばん大切なことなんです」

武田のように仕事以外でプロ級の趣味を持つようになると、自分の歩んできた道を、仕事以外のことで見直すことができる。これが大事なのである。だが、ほとんどの人は、武田のように継続してやることができない。その原因はどこにあるのか。

武田は、意志力というものにも、陰と陽があるという。この場合、前向きの意志力というものは、ヤル気とか創造の意志力。陰の意志力というものは、抑制とか自制……。これは後天的なもので、鍛え方によって決まる。武田は、「鍛えるということは、いかに長く継続するか、ということであり、それが根気なんです。ですから、どんな仕事であろうと、根気、継続がないものは前進しないんです」という。

どんなことでも始めたら続けることである。途中でやめたら、何にもならない。ゼロかける百はゼロだが、一かける百は、百になる。これが「継続は力なり」、といわれるゆえんである。

この武田の座右の銘は、サミュエル・ウルマンの詩「青春」である。これは武田が秘書課長時代に、〝電力の鬼〟といわれた松永安左ヱ門から贈られたものである。

「青春とは人生の或る期間をいうのではなく心の様相をいうのだ。優れた創造力、逞《たくま》しき意志、燃《も》ゆる情熱、怯懦《きょうだ》を却《しりぞ》ける勇猛心、安易を振り捨てる冒険心、こういう様相を青春というのだ。

年を重ねただけでは人は老いない。理想を失うときに初めて老いがくる。歳月は皮膚のしわを増すが、情熱を失うときに精神はしぼむ。苦悶や猜疑や不安、恐怖、失望、こういうものこそ恰《あたか》も長年月の如《ごと》く人を老いさせ、精気ある魂をも芥《あくた》に帰せしめてしまう。

……人は信念と共に若く、疑惑と共に老ゆる。人は自信と共に若く、恐怖と共に老ゆる。希望ある限り若く、失望と共に老い朽ちる……」

どうか生涯を貫く趣味を発見して欲しい。それが自分を老いさせない秘訣になるのだ。

“経営の神様”が大抜擢《だいばってき》した男の趣味

昭和五十二年（一九七七年）、当時の松下電器（現・パナソニック）の社長に、一介の取締役であった山下俊彦《やましたとしひこ》が指名されたときは、業界だけでなく、世間もアッと驚いたのである。これを評して世間は、山下の“二十五人抜き”“山下跳び”と噂したのである。

松下幸之助は、この山下を選ぶに当たって、「十年間は社長が務まる男を選んだ」といったのである。当時、山下は五十八歳。十年社長をやったとしても六十八歳である。

しかし、この山下は、九年務めると後継社長に谷井昭雄《たにいあきお》を選び、自分はさっさと取締役相談役に退いてしまった。

私は、山下が社長を退く一年ほど前に対談したことがあった。当時、山下は社長に就任して丸八年が経過していた。私が、「社長の任期というのは一概にいえないけど、富士銀行（現・みずほフィナンシャルグループ）の松澤卓二会長は、三期六年プラスマイナス二年だという。住友銀行（現・三井住友銀行）の磯田一郎さんも六年でスパッと辞めちゃった」というと、山下は、「その辺が限度でしょうね。あまり長くやるとシンドイし、惰性になってきます」といったのである。

しかし、山下の場合は、よほどしっかりした後継者が現われない限り、社長を辞められないのであった。それは、創業者の松下が健在だからである。事実、山下が「この辺で辞めたい」といっても、松下は、「八十八歳（当時）の自分がまだ働いているのに、六十四歳で退くなんて早い」というのである。

松下幸之助は根っからの商売人である。まさに仕事を趣味として生きてきた男である。仕事を離れるなどということは、考えもしないに違いない。ところが、山下は違うのである。山下は、仕事以外に自分の趣味を持っている。それだけに、区切りのいいところで社長を辞めたいという気持ちがあったのだろう。谷井昭雄という後継者が現われると、待っていたかのように辞めてしまったのである。

山下は社長在職中、順調に業績を伸ばすだけでなく、家電メーカーからOA機器の総合メーカーに変身すべく着々と布石を打ち、見事に松下の期待に応えたのであった。

この山下の趣味は、囲碁と登山である。財界で囲碁を趣味としている人は多いが、登山は少ない。しかも、この山下の場合はハイキング程度のものではなく、かなり本格的な登山なのである。そして、社長に就任してからも年に一回は試み、そのために三ヵ月前からトレーニングするという。そのためのランニングは欠かさない。

私が山下に、「山に登っているときの心境というものはどういうものですか」とたずねると、「よう、こんなバカなことをしにきたなと思っています。別に山に登らなければいけない理由もないし、登ったとしても何になるわけではない。何故こんなエライことをしにきたのかなと思いますよ」と笑っていた。

だが、登山というのは、一歩間違えると遭難する危険もある。それだけに、周到な準備が要求される。そういう意味では、会社経営と共通する部分がかなりある。会社経営も、常に一歩間違えると遭難する可能性が高い。とくに現代のように変化の激しい時代には、事前の相当な準備が必要になる。

私が「登る苦しみが多ければ多いほど、感激するでしょう」というと、山下は、「うーん、どうかな。気分転換にはなりますね。それと登るためには健康に注意しますから、自己管理ができる」と答えた。

私は、松下が山下を選ぶについては、相当調べたと思う。とくに健康面のチェックを……。いくら仕事ができても、体が弱くては経営者失格である。社長が病気で会社を休むようでは会社の士気が上がらない。そのとき、山下の登山という趣味が、松下の印象に強く残ったと思う。人は変わったことをやる男に興味を持つものだ。それは〝経営の神様〟松下も例外ではなかった。

　そして、何よりも重要なことは、山下に登山という趣味があったからこそ、あの重責に耐えられたのだと思う。昨日まで一取締役だった男が、今日から社長だ、といわれたらどうだろう。しかもその会社は、天下の松下電器である。いかにバックに松下幸之助がいようとも、考えれば考えるほど憂うつになるような立場である。なにしろ〝二十五人抜き〟である。昨日までは上司であり、先輩だった人たちを、部下として使うのである。もし山下が弱い男だったら、とっくに潰れてしまったであろう。

　事実、山下は、私が「山下俊彦という経営者は、若い者の憧れになっていますよ」というと、「それは二十五番目からポンと上がったからでしょう。私の場合は、皆が好意的に見てくれているから嫌な気はしない。でも、本来なら社長になるような立場にない者がなったのだから、悪意的に見られても仕方がないんです。逆に周囲の者が、私が潰れないように支えてくれていて助かっています」と答えたのであった。

　山下は、登山を通じていろいろなことを学んだと思う。そして、その体験を経営の中で見事に生かしきった。それは武田豊がいっていた「趣味を趣味で終わらせることなく仕事に生かす」ということとオーバーラップするのである。

趣味によっては経営に生かせる

山下俊彦同様、登山を趣味としている経営者に、西濃運輸の田口利夫がいる。西濃運輸は、一代の快男子、田口利八が築いた会社である。田口利夫は二代目である。父、利八が、昭和五十七年七月二十八日、七十五歳でその生涯を閉じた後を引き継いで、見事に社長としての重責を果たした。

かつて田口利夫は私に、「今までは単にモノを運ぶだけでよかったんですが、これからは、それだけでは充分な機能は果たせないと思います。これからはニューメディアの時代に入っていくわけですから、モノだけでなく情報が中心になっていくと思いますね。したがって、情報があってモノが動くというふうに変わっていくと思う」と語ってくれたことがあった。そしてこれからは総合物流商社を目指すとも……。

事実、時代は田口が予想したとおりに動いている。そのため、西濃運輸の業績も好調である。

私は、先代の田口利八とは非常に親しかった。それだけに、現在の西濃運輸の躍進が我が事のように嬉しいのである。そして最近の田口は、顔も口調も先代によく似てきた。

この田口の趣味も登山である。そして自分の趣味を経営に生かしきっている一人なのである。私はかつて田口に、「山で学ぶことは……」と聞いたことがあった。すると田口は、「山の天候をまず見ます。それから、自分の体のコンディション。それに装備をしなくちゃいけない。この三つが基本なんです。これは経営にも同じことがいえるんです」と答えた。

つまり田口は、天候を見るということは、明日の景気はどうだろうかと予測すること。二つ目のコンディションとは、労使関係がうまくいっているかどうか。三つ目の装備は、人員が適正かどうか、車が十分かどうか、ということだともいった。

田口の話を聞いていると、まさに集団でやる登山は、ある意味では経営の縮図である。田口はまた、「頂上を見極める場合、ものすごく疲れるんです。したがって一歩一歩足元をよく見ながら登る。そして三合目か四合目にきたときに、頂上を見て、あともう少しだと思ってまた登る」と語る。

これはまさに経営と共通する部分である。そして登山は、何よりも正確な状況判断を求められる。いかに頂上を目前にしようとも、天候が変われば下山する勇気が必要になる。進むことは誰でもできるが、退くという決断は凡人にはできない。場合によっては、その場で何日も耐える忍耐力も要求される。こうしていろいろ考えてみると、登山を単なるレジャーとはとらえられなくなる。

田口は、昭和七年生まれである。だが、いつ会ってもこの人は若々しいのである。いい意味でのこの若さが、西濃運輸の活力になっている。そして無条件で父、利八を尊敬している。

私は田口に、経営哲学を聞いてみた。すると、「オヤジは俺についてこいというSL型の経営をやってきた。私も陣頭指揮は必要だと思いますが、それだけではいけないと思います。だから、私は新幹線型の経営ということをいっているんです。みんなが経営に参加して引っ張っていこうということですね。それから、オヤジは三振をとる豪球型のピッチャーだったけれども、私は打たせてとるのピッチャーのタイプだから、よく守ってくれよ、とみんなにいってます」と語っていた。

父と自分の違いをよく知っているのである。二代目としては、それが大切なのである。これも田口が登山から学んだバランスのよさなのであろうか。

拾いながらチャンスを待つテニスの極意

財界人の趣味のスポーツとしては、ゴルフが圧倒的に多いのではないだろうか。しかし、これだけ多くの人がやるようになると、ゴルフを趣味とはいえなくなる。趣味というものは、あまり人がやらないようなものを選んだほうが楽しみがある。

東レの伊藤昌壽《いとうよしかず》の趣味はテニスである。テニスを趣味としている人には、ソニー会長の盛田昭夫がいた。このテニスは、ゴルフに比べるとはるかにハードなスポーツである。

かつて伊藤は、NHKの番組にもテニス姿で出演したことがある。伊藤は、ゴルフとテニスの違いを「ゴルフもやっていますが、体の動く限りはテニスで汗を流そうと思っているんです。楽しいんです。ゴルフと違ってテニスは瞬発力が必要で、ボールや相手に応じて機敏に動きますので、瞬発力が養える」といっていた。

私は、体力に自信のある人はテニスをやったらよいと思う。テニスをやれば、自然と若い人との接触が増える。そうなれば、現代の若者がどんなことを考えているのか、ある程度わかる。それは必然的にビジネスチャンスにつながるはずである。そう堅苦しく考えなくても、若い人と付き合っていれば、若返りの効用もある。何よりもテニスは、コミュニケーションスポーツである。その点、ゴルフは純粋に個人競技である。

私は伊藤に、「テニスをやっていて学ぶことは……」と聞いてみた。すると、「テニスのゲームをやっていていちばん感じるのはテニスはここぞと一気にやると、必ず失敗するんです。肝心なのは、つなぐということです。相手が攻撃に出ているとき、それをうまくキープしておく。そして、チャンスをつくってから攻めていく。これは、人生そのものだと思います。経営にもつながります。不利なときに無理をしても駄目ですね。チャンスをつくらなければ……」といった。

伊藤にいわせると、テニスの極意は〝拾う〟ことにある。相手が攻勢に出ているときは徹底して耐えて、拾いまくる。そして、ここぞというときにガーッと攻める。そこにテニスの醍醐味があるという。確かに話を聞いていてもおもしろそうだ。

この伊藤が東レの社長に就任したのは、昭和五十六年（一九八一年）、伊藤が五十六歳のときである。率直にいって私は、それまで東レはそれほど高い評価をしていなかった。ところが、若い伊藤を社長にするという人事を見て、これは凄いと思ったのである。四十代、五十代の人間をトップに据えるということは、それだけ企業に活力があるということである。

それまでの東レは、どちらかといえば技術先行型の企業であった。ところが伊藤が社長に就任するや、マーケティングに力を入れ、活力が出てきたのである。ご存知のように繊維というのは、もう何年も前から構造不況業種である。しかし、みんな駄目になったかというと、日清紡《にっしんぼう》ホールディングスのように立派な業績を上げているところもある。要は経営のやり方なのである。

伊藤は、「やはり企業というのはマーケティングが主目的ですからね。品物をつくるのは手段です。モノが売れて、そこで初めて収益が上がるわけですから」と語っていたが、今はいくら安いモノをつくっても売れない時代である。それだけに、どれだけ優れたマーケティング力を持っているかが決め手になる。

企業経営は、年々歳々難しくなっていく。その理由の一つは、時代の流れ、変化が速いからである。うかつに打って出れば足元をすくわれる。伊藤のテニス論ではないが、拾いながらチャンスを待つことも必要である。

テニスというと、レジャースポーツと単純に考えがちだが、それなりにやってみると奥が深いのである。そして奥が深いということは、経営も同じである。私が趣味を経営者に勧めるゆえんもそこにある。

何事も「継続は力なり」である

最近は健康法が盛んである。ジョギング、エアロビクス、水泳等々、スポーツを趣味としている人の数は相当なものである。だが、スポーツの場合、無理は禁物である。とくに経営者は、仕事の疲れを取ることをまず考えなければいけない。

私の場合もそうだったが、体力に自信のある人ほど無茶をして、健康を害しがちである。確かに、体を動かすことは気持ちのいいものである。しかし、〝すぎたるは猶《なお》及ばざるが如し〟のたとえもあるように、決してやりすぎてはいけない。

かつて、東京電力会長の平岩外四は私に、「健康法は何をやっていますか、と聞かれた場合、ジョギングやっています、ゴルフやっていますということでなく、気持ちの持ち方をこうしているという答えが必要だと思う」と語ったことがあった。

この平岩の趣味は読書、歌舞伎観賞である。かつて私は、雪ヶ谷にある平岩の自宅を訪問したことがあるが、蔵書で一杯であった。平岩の話では、ざっと二万冊あるとのことだった。休日は、神田神保町の古本屋街を歩いている。この平岩の読書の時間は、夜の十時から十二時の間である。たとえどんなに仕事が忙しくても、一日に一回は本を開き、一ページでも一行でも目を通す、という。こうなると読書も趣味ではなく、自分の生活の一部になってしまう。

そして、あまり知られていないが、平岩のもう一つの趣味に歌舞伎観賞がある。平岩と歌舞伎の付き合いは、東大の学生時代に遡《さかのぼ》る。平岩は法学部出身である。平岩の恩師の穂《ほ》積重遠《づみしげとお》が大変な歌舞伎好きだったのである。その影響で、学生時代は毎日、観に行くようになった。

私が、歌舞伎観賞の醍醐味を平岩にたずねると、「一つは、テンポの非常に早い現代の中で、自然の流れるようなゆるやかな世界を演出している。所作ごと、約束ごとという、昔からの型があります。たとえば物を投げるとき、だいたいは上手から投げる。そうしないと投げられない。歌舞伎の場合は、それが物を投げられる形ではないけれども、一つの型として、投げられる姿ができ上がっている。そういう型の約束ごとがすべてにあり、それが統一されて一つのまとまった世界が演出されている」と語ってくれたのである。

平岩にいわせると、コンピューターには量の拡大はあっても深みがない。ところが、芸にはいくら追究してもいき届かない深みがある。それが、人間を飽きさせない理由なのである。

これはプロの人々、たとえば将棋にしろ、碁にしろ、強い人ほど深く突っ込んでいく。安易なところでは妥協しない。ところが弱い者ほど簡単に妥協する。その結果、強者と弱者の差は、ますます開くばかりなのである。

では、深く突っ込むためにはどうするか？　それは継続していくしかない。平岩の力は、一日一行でも欠かさない読書から生まれたのである。

あなたも平岩のように一日一行でもいい、本を読む習慣をつけて欲しい。それが無形の力となって経営のプラスになるのである。

真髄をつかんだ者だけが知る言葉

経営者の中には将棋ファンが多い。自称高段者もゾロゾロいる。この世界もアマチュアとプロの差が格段に大きい。そして、このプロの最高峰が名人位である。プロの将棋指しになる人は、誰もがこの地位を夢見て入門してくる。

師事する升田幸三《ますだこうぞう》は、その名人位を手中にした数少ない一人である。何といっても升田の名を不滅にしたのは、第五期王将戦で、ときの大山名人に三連勝して指し込み、香落ち番にも勝ったことである。そして昭和三十二年（一九五七年）には、名人位、九段位（現十段位）、王将位の三大タイトルを制覇し、史上初の三冠王になったのである。

将棋を通じて会得した升田の視点には、独得のものがある。私はかつて升田に、雑誌『経済界』の対談のホスト役をお願いしたことがあった。幸いにして、この「指し込み対談」と銘打った連載は好評であった。

私はこの升田に「本物の経営者の条件は……」と聞いたことがあった。升田は「行ないが正しいのを本物というんです。将棋でいえば、全体が見える人ですね。ある意味では、先が見えるということなんです」と明快なのである。

勝負の世界で、幾多の修羅場をくぐってきた升田は、どんなときにも迷わず、ズバリ答える。ある意味では、これも芸の力である。

「難局に立たされたときの経営者の心構えは……」

という質問に、升田は、

「それはね、その場だけでどうしようかというのは稚拙《ちせつ》な考えです。その前がどうだったか、何年前にどういう判断をしたか、ということを考えて次の一手を研究すれば、自ずと答えは出てくるはずです。かつて東南アジアの人を含めて、日本という国の存在を誰も相手にしていなかった。ところが、オリンピックにきて、高速道路は走っているし、立派な高層ビルは建っている。みんなヤキモチをやいて帰っていった。それで、日本というミミズみたいな国が注目されるようになった。その後、日本はどんどん儲けて大きくなって、彼らから面倒を見てくれ、といわれるようになった。それをオリンピックのときに感づいておれば、現在のようなことにはならなかったが、誰も感づかなかった。それが今日の混乱を招いている、いちばん大きな理由です」といった。

升田ほどの人物になると、本物の人間としか付き合わない。文学では吉川英治《よしかわえいじ》、画家では梅原龍三郎《うめはらりゅうざぶろう》、宗教家では山本玄峰《やまもとげんぽう》とか、もうすべて本物中の本物である。

そして升田は、どんな人にも率直に苦言を呈するのである。それでいて嫌われることがない。たとえば、吉川英治に「あなたの作品の中でいいのは『宮本武蔵』と『新平家物語』の二つだけです」といったりする。

升田は、文学青年だったわけでも何でもない。だが、勝負師としての勝負どころの響きで、「これは生ぬるい」ということがわかるという。

升田が三島市の龍澤寺《りゅうたくじ》の山本玄峰老師と会ったときの話など、升田の人物鑑定の素晴らしさを、これほど表わしているものはない。

「大阪で宇宙の宮の竣工式《しゅんこうしき》があったとき、クツをはいて歩行困難なような坊さんがいたんです。政・財・官界人や文化人の偉いのが一杯集まってくる。そういう偉いのが集まってくればくるほど、その坊主が引き立ってくる。そして、式が始まった。誰が川開きするのか見ていたら、いちばん貧弱そうに見えた坊主が出てきた。そして、歩く後姿をジッと見てたら、巨岩の動くごとく大きく見えるんです」

これが升田と山本玄峰の初めての出会いであった。そして、その半年後に、升田と私は三島市の日日荘という温泉宿に病気療養していた玄峰老師を訪ねたのである。

升田は、玄峰の教えにいいのがあるといって、私に語ってくれたことがあった。これは、ある意味では健康法にも通じるものである。

「それは、『息を長くせい』というんです。息を長くするというのは、冷静に判断できるということなんです。また、長生きということでもある。私が『修行は念力だ』といったら喜ばれてね。葬式のとき、龍澤寺へいったら唐紙に『念力』と書いてある。玄峰が九十三歳のとき書いたものだそうです。私が四十そこそこのときつかんだものを、玄峰は九十三歳でその境地に到達した。ですから、玄峰は若いときから偉かったのではなく、修行を積み重ねながら、だんだん偉くなっていったんですね」

升田がいった「修行は念力だ」ということばは、真髄をつかんだ者だけが吐ける表現である。

あなたも趣味の世界において、この升田のことばを目標に励んで欲しい。そして、これをメドに修行を続ければ、必ずやもう一つ別の自分の世界が広がるはずである。

自分の世界を持つ人間は引き際も奇麗

人間の生命が有限であるように、どんな名経営者といえども、トップの座に長く座り続けることはできない。人間は、やはり引き際が大切なのである。この引き際を誤ると、それまでの功績がいっきょに吹き飛んでしまう。〝老害〟といわれるようになったら、もうおしまいである。心しなければならないことである。

たとえば帝人《ていじん》元社長の大屋晋三《おおやしんぞう》。この人は、八十歳をすぎても社長の座を離れようとしなかった。副社長以下の役員を子供扱いにして、「誰も社長になるような人間がいないのだ！」と公言してはばからなかった。

大屋は、ある時期、確かに帝人の〝中興の祖〟ともいっていい人物だった。一時、政界に出て、大蔵大臣にまでのぼりつめていた。ところが、出身会社の帝人が危機に陥ったために、大屋は政界を引退し、帝人に戻って事業一途に打ち込んだ。そしてポリエステルを手がけて、帝人を見事に甦《よみがえ》らせた。

その後、〝未来事業部〟をつくって話題をさらったが、結局、実を結ばなかった。石油事業にも突っ込んでいったが、これも失敗に終わった。そして二十年以上も社長の座に君臨し続けた。確かに大屋は功労者ではあったが、〝永すぎた君臨〟はマイナスだった。

大屋のあと、徳末知夫《とくすえともお》が社長になった。そして見事に帝人を復活させたのである。この徳末は、大屋とは対照的に、二期四年でやめてしまった。大屋への無言の抗議であった。

もし大屋が、仕事以外に自分の趣味なり世界を持っていたら、あれほど社長の座に執着しなかったであろう。それが残念である。私がみるところ、一部上場企業の社長の中にも、大屋のような〝老害〟をさらしている経営者が、かなりいることは確かである。

大屋とは逆に、見事な引き際で男を上げたのは、日本興業銀行（現・みずほフィナンシャルグループ）の中山素平《なかやまそへい》である。中山は、頭取時代、あの八幡、富士の合併の産婆役として、雷名を天下にとどろかせたのであった。まだ六十歳を出たばかりの若さであった。ところが中山は、さっさと頭取を正宗猪早夫《まさむねいさお》に譲ってしまった。そして中山は、会長にならずに相談役になりたい、といってダダをこねた。正宗は「どうか会長に。でないと頭取は受けられません」といった。

そこで中山は、一期限りという条件で、しかも代表権を持たない会長になったのである。中山がその気ならば、あと四年や五年、頭取の座に座り続けることができたであろう。その頃、中山は人気絶頂だった。花柳界《かりゅうかい》にいっても「ソッペイさん、ソッペイさん」と愛されていた。

中山は、その二年後、「約束だよ！」といって会長も退いた。その夜、中山は役員を赤坂の料亭に呼び、「やっと解放されたな。さあ飲もうよ。こんな嬉しいことはないよ」といって痛飲したのである。そして、若い相談役となった。

中山は第一線をひいてから、自ら、〝財界鞍馬天狗《くらまてんぐ》〟と称して大活躍した。日本興業銀行（現・みずほフィナンシャルグループ）頭取という肩書きがなくても、充分個人の実力で活躍できるのであった。

天下の素浪人になってから、中山は、国際大学を遂に自分一人の力でつくり上げたのである。中山は、一人ひとり経営者を訪ねて、寄付を求めていった。

晩年を教育事業に打ち込む、これも中山一流の生き方である。私は、見事な生き方だと思う。

伊藤忠商事元会長の瀬島龍三《せじまりゅうぞう》の引き際も奇麗なものであった。瀬島は、本来ならば伊藤忠商事の社長になるべき人物であった。瀬島が副社長時代、当時の社長、越後正一《えちごまさかず》は、瀬島を後継者にとも考えていた。しかし瀬島は、「僕のように横からきた人間は、社長になるべきではない」といって固辞《こじ》したのである。

そして、プロパーの戸崎誠喜《とざきせいき》が社長になり、瀬島は代表権のない会長に退いた。「僕は、副社長になるだけで充分なんですよ」と私に告白している。私は瀬島に「あなたは会長なんか永くやらないほうがいいですよ。中山素平さんのように、肩書きがかえって邪魔になる。無位無冠のほうがいいですよ」と助言したのであった。

その二年後の夏のある朝であった。拙宅《せったく》に瀬島から電話がかかってきた。受話器をとると、若やいだ声で、「正忠さん、あなたのいう通り、今日、会長を辞めることをいいましたよ」といった。何とその声の晴々していたことか。会社の実務から解放されたという喜びが、電話の向こうから伝わってくるのであった。

その後、しばらくして、瀬島は、土光臨調（第二次臨時行政調査会）の委員に選任されたのである。あれがもし、商社を代表する会長だったらどうであったろうか。相談役という責任のない地位にいたからこそ、あのような国家的な大役が瀬島に舞い込んできたのである。つまり瀬島は、会長を退くことにより、伊藤忠の瀬島から日本の瀬島へと大躍進したのであった。

ボロボロになるまでその地位にしがみつかないで、余力を残して退陣したいものである。余力を残して退いてこそ、その企業に逆に〝貸し〟を残すことができるのである。

経営の第一線を退いたら何をすべきか

だが、中には退陣後どういう生活をしたらいいのか、という人もいる。個人差があって、一言でいうことはできない。

ここで思い出されるのは、日本生命保険会長だった弘世現《ひろせげん》がまだ若き日、ニューヨークに行き、毎朝ダウンタウンを歩いていたときの思い出話である。

「品のいい老人が、街を掃除しているんだな。普通の老人ではない、と思って聞いてみた。

すると、最近まである大企業の会長をしていたが、それも後継者に譲って、第一線を退いたんですね。今、こうして街を奇麗にすることで、少しでも社会のお役に立ちたい、といっている。今でいうボランティアなんだな。いや感動してね」

これからの経営者は、第一線を退いたら、社会のために活動して欲しいのである。日本人に欠けているのは、ボランティア精神である。

土光敏夫《どこうとしお》が行革臨調の会長を老骨にムチ打って務めたのも、国家、会社に対するボランティア精神からであった。もし土光にボランティア精神がなかったら、あれだけ国民的支持を受けることはできなかったであろう。その土光は大役を終えたあと、自宅で法華経三昧の生活を送った。

土光は、いっさいの公職を離れ、私人土光敏夫として静かな生活を送ったのである。これも見事な生き方である。

私の知る限り、〝電力の鬼〟といわれた松永安左ヱ門の晩年もすがすがしいものであった。小田原市の瀟洒《しょうしゃ》な自宅にこもり、お茶三昧の生活に入っていたのである。あとは、その時代の経営者に会い、〝活〟を入れることであった。つまり、後進の指導をしていたのである。そして最後の仕事は、〝歴史の研究〟で有名なアーノルド・J・トインビーの著作の翻訳をしたことであった。

私は彼の写真集をつくり、それを渡すために一度会っているが、もうすっかり枯れて、仏さまのようになっていた。写真集を見て、「有り難う、有り難う」といった、あのやさしいまなざしを忘れることができない。

コラム

相手の懐に飛び込む姿勢を持っているか

◉アサヒビール躍進を支える人間性

アサヒビールの会長だった樋口廣太郎《ひぐちひろたろう》は、日本のいわゆる上場企業の会長族の中で、最もハッピーな人だったのではないだろうか。

会長になっても、社長時代と同じ仕事をしている人が多い中で、社長時代の仕事は後任の瀬戸雄三《せとゆうぞう》に渡してしまった。さらにオフィスも、本社ビルから京橋にある旧本社ビルに移ってしまった。

見事というしかない。

「僕が同じビルにいると、後任の社長は気をつかうだろう」

という、親心からであった。

相手の立場を重んじる。相手の気持ちになって考え、行動する。七十歳を越えたが、若いのである。まるで、青年のような柔軟さである。

樋口は、会長時代を楽しんでいるようだ。その他、経団連副会長をはじめ、数々の役職を持っている。

樋口は、代表権を持つ会長である。社長と会長のコミュニケーションはどうしているのか。

朝の、二人だけで決めているホットラインがあるのだ。そのとき一時間くらい社長の瀬戸雄三と、電話で話し合うという。業務は、すべて社長を通じて指示する。二頭政治になることを嫌うからである。

樋口のところには、来客が引きも切らない。

著書も多い。『前例がない。だからやる!』（実業之日本社刊）は、ベストセラーになった。

私は一読して、ペンをとって書評を書いたのである。

『前例がない。だからやる！』をじっくり味わいながら読む。読んでいて、私は何度か目頭が熱くなった。内容は、決して新しいものではない。

これまでいい尽くされてきたことを、上手にまとめたのである。これまで二、三冊同じ著者の書物が出版されているけれども、本書は圧巻だと思った。何よりもタイトルがいい。これは編集者の知恵であろう。ドキッとさせられる。

樋口氏は、もともとバンカーで、アサヒビールに入り、シェア十パーセントを切っていた同社を、見事に再建した。その背景が詳細に描かれている。

住友銀行では、堀田庄三という、中興の祖といわれた人の秘書役となり、人生勉強をしている。

副が取れれば頭取だった。しかし、仮に頭取になったとしても、大蔵省に監督されて、大きな仕事はできなかったのではないだろうか。それよりも、危機に瀕《ひん》していたアサヒビールに入ったことが、ラッキーだった。アサヒに入って、能力のすべてを出し切ったのだった……。

取材もあって、樋口に会見を申し込むと、「お伺いします」という。樋口はそういう人なのである。

樋口の出身は住友銀行（現・三井住友銀行）。その常務時代に、私はこの人を知った。親切な人であった。私に、プラスになる人を紹介してくれたのである。ジャーナリストとして、こんなありがたいことはなかった。

やがて副頭取になった。次は頭取である。頭取になりたくなかった、といえば嘘になるだろう。ときの会長から、樋口は、アサヒビール行きを命じられた。

樋口は、もともと素直な人で、どんな命令でも、素直に受け入れていく。

その頃、アサヒビールは、どん底の状態だった。メインバンクの住友は、最後の切り札として、樋口を送り込んだのだった。

住友銀行からアサヒ入りする直前だった。樋口は、私を訪ねてきた。

「これからアサヒビールに入るのですが、何か助言してください」

といった。

私は二つのことをいった。

一つは、「今までの住友出身の社長は、住友銀行という金看板を背負っていた。だから失敗した。あなたは、その金看板を捨てて行きなさい」ということだった。

二つ目は、「社長としてのあなたを、徹底して売ることですよ。売って売って、売りまくりなさい」と、いったのだった。

樋口は、頬を紅潮《こうちょう》させ、

「必ず、ご助言を実行します」

といった。

私は色紙に、「ひとつの生涯に入ったあとは、その他の生涯を捨てなければならない」という、アナトール・フランスの言葉を書いて贈った。

樋口は、握手を求めた。私は、樋口の手を固く握った。

その翌年だった。樋口はスーパードライでヒットを飛ばして、シェアを伸ばしていく……。

のちに樋口は、

「お陰さまで、どうやらシェアを回復してきました」

といった。樋口の眼に涙が浮かんでいた。

樋口は、人との縁を大切にする。住友銀行の会長だった伊部恭之助《いべきょうのすけ》は、樋口の上司にあたる人だ。

その伊部がしみじみ、

「樋口君は、住友時代の不遇な人々の世話をしているよ。偉い男ですよ」

といっていた。

人の世話をする。徹底して世話をしていく。樋口流といえようか。

樋口はクリスチャンである。しかし、日本の神社、仏閣を大切にしている。伊勢神宮にお参りをして、樋口は心の中で、「ありがとうございます」と感謝する。お礼を申し上げるのであって、依頼ごとをしない。

これも樋口流といえる。こうされると、日本国のよろずの神様、御仏たちは、こぞって、樋口をバックアップするのではないだろうか。

樋口のすごいところは、眼に見えないものを信じていることだ。さらに、樋口のすごいところは、プロパーの社長瀬戸雄三の成長を、心の底から喜んでいることだ。

「瀬戸君は、よく成長してくれましてね」

といって、多くの人の前で、誉めちぎる。

会長が社長を誉める。聞いていて、心地がいいのである。

住友銀行から派遣された人材が多くいる中で、樋口は迷うことなく、プロパーの瀬戸を後任に選んだ。

「彼は営業の出身で、今こそアサヒは、営業の強化が必要なんです。やはり会社は、プロパーの人が社長をやったほうがいいんですよ。それは、住友銀行から独立したようなものですよ。プロパーに社長の席は、返すべきですよ……」

といっている。

樋口は、貸し方に徹している。どんな人にも借り方にならない。与えっぱなしである。

そんな彼は、オペラを愛し、芝居を観賞する。さらに海外を飛び回っている。

松竹の会長永山武臣《ながやまたけおみ》とは、京都大学で同窓という間柄。

「学生時代には、いっぺんも顔をあわせたことがないんですよ」

と、樋口は笑いながらいう。

その永山から、二代目水谷八重子の後援会長を依頼される。樋口は、頼まれると、イヤとはいえないのである。

「僕のようなものでも、少しでもお役に立てば……」

といって、謙虚なのである。

ズバリいえば、樋口ほど素直な会長はいないかもしれない。

私は、樋口が、住友銀行の頭取にならずにアサヒビールの社長になったことで、この人の力を思いきり発揮できたのではないかと思う。

「汝が立つところを深く掘れ、そこに泉あり」である。

どん底にあったアサヒビールを、見事に再建した樋口廣太郎。

企業は、トップ一人によって決まっていく。樋口廣太郎という経営者がいなかったら、アサヒはまだ底辺をさまよっていたのではないだろうか。

樋口は、アサヒビールの業績を、スーパードライという超ヒット商品で、すっかりよみがえらせてしまった。

単品では、キリンのラガーのトップシェアを、スーパードライが逆転してしまった。

明るいし、行動力があるし、それでいながら、いいたいことをズバリいうのが樋口である。隠れて人を助け、陰徳を積んでいる。

「僕の親父は、京都の呉服屋でしてね。僕には、そんな商人の血が流れているのかもしれませんね……」

と、ぽつんというのであった。

第五章

自分の心をどこに置くべきか

人事を尽くしたら天命を待て

あなたは仕事に行き詰って、ニッチもサッチもいかなくなって、思わず神仏に〝助けて下さい!!〟と真剣に祈った体験をお持ちだろうか。

経営者というのは、仕事に対して、誰よりも真剣に懸命に取り組んでいる。そうでなければ、昨今の厳しい時代に会社経営などできるものではない。それだけに、誰よりも自分の力ではどうにもならないものがあることを知っている。そこに神仏という大いなる存在が見えてくるのである。

もしあなたが、神仏に祈った体験が一度もないというなら、あなたはまだ本当の経営を知らないといわれても仕方がないのである。

私はかつて、松下幸之助に次のようなことをたずねたことがあった。

「松下さん、あなたはこれまでの生涯で、神仏に助けを求め、祈ったことがありますか」と。松下はしばらく考えていたが、「そうでんな」といってから、「あります」といったのである。

当時、私はまだ若く、今ほど神仏の存在を確固として信じていたわけではなかった。私は松下の答えが信じられなかった。すると松下は、私の心を見透かしたように、

「佐藤さんはまだ若いから、本当の経営がどんなものかご存じないでしょう。本当の経営は頭で考えてはできない……。何度も試練を経て自分の体で体得するものです。あれは昭和三十九年から四十年の不況のときでした。ちょうどそのとき私どもの会社では、販売の最高責任者である営業本部長が病気で休職中でした。あいにく他の幹部も手がはなせないこともあって、当時会長の私が営業本部長代理になって、熱海に全国から販売会社の人たちに集まってもらって会議をしたときです。そうニューフジヤホテルでしたな。あのときばかりは、神様に助けを求めました。一生懸命に神様に両手を合わせてお頼みしましたよ……」

といった。

当時松下は、経営のうまくいかない販売会社や代理店から、かなりの突き上げがあったという。松下電器の強みは、何といってもその販売力にある。もしその販売代理店が反乱を起こしたとしたら……。これは松下といえども必死にならざるを得ない。

私はそのときは松下の話を黙って聞いていたが、後年、自分が松下と同じような心境になるとは夢にも思わなかったのである。

松下はこのときのことを、自著『経済談義』(PHP研究所刊)の中で次のように書いている。

「……そして、お得意先の声を聞きつつ、また会社の者ともいろいろ相談検討を重ね、社内外の販売制度などについて、いくつかの抜本的な改革を考え、実施した。その具体的内容についてはここではふれないが、幸いにしてこれが功を奏し、その時を転機として、会社もお得意先ももともに大きな発展をとげることができたのである。まあ、成功であったといえよう。今ふり返って、その成功の原因を考えてみると、それはそうした改革の内容が多少とも当を得ていたということもあろうが、それ以上に大きなものがあると思う。それは一言でいえば、不景気だったということである(中略)」

松下はここで、不景気のときほど企業体質改善のまたとない機会だといっている。確かに好況のときは経営を変えようと思っても抵抗が多い。ところが不況のときは、誰もが危機感を持っている。松下のいうように、いろいろな改革がやりやすいのである。松下は、「大切なのは、不景気に直面しても、いたずらにうろたえたりせずに、志を固く持って、何をなすべきかを静かに考えてみること。そうすれば、それは企業の体質改善のまたとない機会になると思うのである」

と語っているが、これこそ、いつも私がいっている、ピンチをチャンスに変える経営なのである。

松下は最善と思う手段を尽くした後、神仏に祈ったのである。これがいわゆる〝人事を尽くして天命を待つ〞という経営者の心構えの一つだと思う。

経営者は頭よりも肚《はら》を練れ

私はかつて、松下にしたのと同じ質問を、〝財界の良心〞といわれている瀬島龍三にしたことがあった。

瀬島は、一瞬、遠くを見るような眼で、

「そう、あれは大東亜戦争がいよいよ始まろうとしていた直前、僕は明治神宮に参拝にいきましたよ。もうその頃は、開戦が必至の状況でした。僕は、明治大帝の霊前で祈りました。すると、海軍の制服に身をかためた将校が、玉じゃりの上にひざまずいて祈ってました。その光景を今でも忘れることはできないね」

といった。

やがて日本は、無暴な戦争に突入していく。そして敗戦。瀬島は、ソ連軍の捕虜となってシベリアの独房に囚《とら》われの身となっていく。極寒のシベリアである……。まさに明日の身はどうなるかわからない状況であった。

私は瀬島に、

「あの極寒のシベリアで、あなたを支えたものは何だったんですか」

と聞いたのである。瀬島は、

「僕の郷里は、北陸の富山県。あそこは親鸞《しんらん》が流されたところで、念仏のさかんなところなのです。僕も子供の頃から念仏を上げてました。母親が熱心な信者でした。僕は教行信証とかお経を諳《そら》んじていたんですよ。独房の中で、時間があると念仏を上げ、お経を上げていた。そのことがなかったら、僕は駄目になっていたかもしれないな」

といった。

瀬島には、いつ日本に帰れるという保証がないのであった。帰国どころか、明日にもシベリアの地に朽ち果てるかもしれない。そのとき心の支えになったのが、瀬島にとっては、念仏への信仰だったのである。瀬島は「人間は弱いんだな」ともいった。

それまでの瀬島は、関東軍参謀という軍歴が示すように、日本陸軍のエリートであり、知の人であった。ある意味では、その頭脳だけが突出していた。ところがこのシベリア抑留により、肚《はら》が鍛えられたのである。知の人から肚の人となったのである。その体験がなければ、瀬島はビジネス社会で成功しなかったであろう。

瀬島は、独房で念仏を唱えているうちに肚が据ってきたのである。

経営者は頭がキレルだけでは駄目なのである。むしろ頭より肚である。どんな局面に立たされても動揺しないだけの肚を練ることである。

そして肚というものは、困難な局面、立場に立たされたとき、本当に練り上げられる。

瀬島は独房の中で、自分の弱さ、ひいては人間の弱さを直視したとき、初めて本当の信仰をつかんだ。そして、その信仰を通じて、自分の胆力《たんりょく》を練ったのである。

私の場合もそうである。私は脳卒中に見舞われて初めて本格的な信仰を求めるようになった。その日は、忘れもしない昭和五十四年（一九七九年）三月四日である。早春とはいえ、早朝から雨が激しく、今にも霙《みぞれ》か雪になろうかという天候であった。私はゴルフ場のクラブハウスで、脳卒中に倒れたのである。

それまでの私は、病気一つしたことのない頑健な体力を誇っていた。自分が病気で倒れるなどということは予想もしなかった。私は近くの救急病院にかつぎ込まれていった。意識がもうろうとしていく。苦しさにあえいでいるのであった。私にとっていささかの幸運があったとすれば、ゴルフ場が小金井にあったということである。

私は小さな病室のベッドの上に寝かされていた。知らせで、慌ててかけつけた妻に医師が、「御主人の命は保証できません」といっているのが聞こえるのであった。

私はそれまで西洋医学というものを信じていたが、実際に倒れてみると、いかにそれが無力なものであるか、思い知らされたのである。つまり点滴をする以外に、何もすることができないのであった。

私は、神に御仏に祈る以外にすべを知らなかった。もしそのまま眠ってしまって、目がさめなければ、それが死であった。死ということが実感として迫ってくるのであった。私はそのとき五十一歳であった。仕事もまだこれからというときであった。やりたいことが、やらねばならぬことが山ほどあった。まだ死にたくなかった。

だが医者に危ないといわれた私は、完全に科学から見放されたのである。私に残された道は、御仏に祈ることだけであった。私はそれまで宗教、御仏を観念的に信じていても、その信仰はさほど深いものではなかった。だが、ベッドの上で、

「神様、仏様、もし私にこの世で使命があるならば、どうか助けて下さい、生かして下さい、殺さないで下さい」

と一所懸命祈っているうちに、ハラハラと涙が出てきたものであった。

それが私にとって、人生の危機一髪であった。私は幸運にも、死の淵から奇跡的に生還した。危険な状態が去り、病院を転々としながら、厳しいリハビリにも耐えて、どうやら現役に復帰することができたのである。よく私に、

「あなたの精神力には、ホトホト感心しますよ」

という人がいるが、私はそのとき、

「まったく神様、仏様のお陰ですよ」

と答えている。

人間の精神力には、自ずから限界がある。その人間の限界を突破させるものが宗教であ

る。そして、自分の殻を突破したときに、肚が据ってくるのである。

私は今、人間の一心は、願いは……、いや願いではない祈りは、必ず天に通じるという確信を持つようになった。昔から〝至誠天《しせいてん》に通ず〟というではないか。

大事なことは、祈りを通じて自分を磨き、自分の肚を練ることである。トップの肚が据っていなければ、部下も本当の力を発揮できないであろう。

信仰を持つことは経営者の必須条件

田口哲雄という、私が愛していた若者がいた。いい男であった。三井信託銀行（現・三井住友信託銀行）からイトーヨーカ堂にスカウトされて常務になった。オーナーの伊《い》藤雅俊《とうまさとし》にも、直接の上司でもあるセブン・イレブン社長の鈴木敏文《すずきとしふみ》にも可愛がられていた。

田口はオフィスが近いこともあって、よく電話もなしに「主幹、いらっしゃる？」と訪ねてくるのであった。人なつっこい男で誰からも愛されていた。その田口が、突如、入院したのであった。ガンに冒されていたのであった。開腹手術をしたところ、全身に転移していた。長くてあと一ヵ月の生命だ、と主治医はいった。現代の医学でもどうすることもできないほど、病状は進んでいたのである。

田口は虎の門病院に入院していた。彼の妻もまだ若かった。二人のお嬢さんもまだ成人していなかった。そして彼は信仰を持っていなかった。信仰を持っている人間ならば、慰めの言葉もかけられる。

だが、死に直面して、信仰のない人には、まったく言葉がないのである。私は、もういたたましくて、見舞いにいく勇気がなかった。彼が私に会いたがっている、ということを聞いていたのであった。だが、会って何といえばいいのか……。カンのいい彼のことだ。ガンであることを知らないわけがない。

私は見舞いに行くのをやめるといった。それよりも、密かに彼のために祈ることのほうが彼のためになる、と思ったのである。

そして前途有為とその将来を嘱望された田口は四十五歳でお娘さんの「パパ！　死んじゃいや、いや」という声に送られて、旅立っていった。今でも彼のことを想うと心が痛む。

もし彼が、仏教でもキリスト教でもよい、信仰を持っていたならば、死が死でないということが分かるのである。確かに我々の肉体は有限である。どんなに長く生きたとしても八十年、九十年である。だが、その魂は、永遠に生きているということが、実感として分かる。死とは新しい旅立ちなのである。肉体をこの世に残して、魂が新たに脱皮する。ちょうどそれは、昆虫が古い殻を脱ぎ捨てるようなものである。これが〝死〟なのである。そこには救いがあり、希望がある。宗教を持つと、そのことが確かなものとなるのである。

戦後、初めて私が渡米したときであった。マンハッタンでタクシーに乗った。運転手は、私を日本人と見たのであろう。「あなたは、何を信仰しているか?」と聞いてきたのである。

私は学生時代を、ミッションスクールの明治学院大学で過ごしていた。校庭の中央にチャペルがあった。朝の決まった時間に礼拝があった。私は、時間の許す限り出席していた。そこで讃美歌をうたい、バイブルを読み、お祈りをささげていた。

当時、アルバイトで苦しい学生生活を送っている私にとって、その祈りをささげている時間が、どれだけ救いになったかしれなかった。私は、それほど熱心なクリスチャンとはいえなかったが、それでも近くの教会で、洗礼を受けたこともあった。

私が「ブッダを信仰している」というと、その運転手は「それはいいことです。私もこのように神を信仰しています」といって、運転席の左側にぶら下がっているキリストの十字架を指さすのであった。

彼は「私は毎週日曜日には、必ず教会にいってキリストにお祈りをささげています」といった。だがその後で「多くの日本人に聞いてみると、ほとんど信仰していないという。とっても嘆かわしいことだ」と続けた。

こうしてペンを走らせていると、その日の記憶が昨日のことのように甦ってくる。

日米間には、いろいろな違いがある。その根本的な違いの一つに、彼我の信仰の違いがある。米国では、町や村には必ず教会があり、日曜日には教会にいって祈りを捧げるという習慣が広く市民の間に浸透している。もちろん経営者は、百パーセントといってもよいほど信仰心を持っている。

ところが、日本のとくに経営者はどちらかというと、休日はほとんどがゴルフに行くとか、朝おそくまで寝ている。信仰心も希薄である。だが、これからの経営者にとって信仰を持つということは、人間としての必須条件なのである。

この日米の宗教心の違いについて、糸川英夫博士はその著書『新　逆転の発想』（PHP研究所刊）の中の〝日本はなぜロボット大国になったか〟の項で、次のように書いている。

「それからもうひとつ、アメリカがロボット化したほうがよいと分かっていながらできなかった原因として、教会との対立ということがある。（中略）アメリカでは、教会がロボット化に猛烈に抵抗した。神が与えた創造的な仕事を、鉄の機械にやらすとはなにごとであるか、これは神の意志に反する、というのが反対理由であった。……（後略）」

糸川によれば、アメリカでは新しいことを試みる場合、教会の許しが必要なのだという。ロボットしかり、人工衛星を宇宙に飛ばすにも、教会にいって牧師さんの話を聞くことになるのだそうだ。

ところが日本の場合は、科学の導入について、まったく抵抗がない。日本では、新しいことはいいことなのである。日本が短期間の間に経済大国になった背景には、宗教的抵抗がまったくなかったということも重要な要素である。だが、眼に見えないものへの恐れと、祈りがないものは、危険である。

日本人と欧米人を比べたとき、彼我の能力の差は、さほどあるとは思えない。ただ信仰心を持っているか、いないかということになると、日本人は問題にならない。日本の経営者の中で、どれだけの人が自信を持って、信仰心を持っているといえるだろうか……。

私は、この場合、特定の宗教をいっているわけではない。いかなる宗教でもよい。自分の宗教を信仰を持つべきなのである。そして真剣に祈ることによって、知恵も湧いてくる。仏教では、これを〝仏智《ぶっち》〟とか〝大智《だいち》〟という。困ったことに直面して、自分の信じている神さま、仏さまに祈りをささげる。すると不思議にインスピレーションとでもいうのであろうか、スーッと知恵が湧いてくる。そして不思議に力が湧いてくるのである。

人間、一人の力だけでは限界がある

経営者の条件の一つに、運の強さということもある。経営者に運がないと、その会社もいつの間にか衰退していく運命にある。

私はあるとき松下幸之助に、

「あなたの成功の秘密は何ですか？」

と尋ねたことがあった。松下は、高等小学校中退後、小僧として働き、しかも病身というハンディを背負いながら、今日の松下電器産業をつくり上げたのである。すると松下は、

「そうでんな……運でしょうな」

といった。運とは何か。私は、

「事業を百とすると、運の占める割合はどのくらいになるのか?」

と聞いてみた。松下は、

「九十でしょうな。努力とか才能とかいっても、せいぜい十パーセントくらいです」

といった。松下は嘘をいう男ではない。私はそのとき声も出なかった。

この〝運〟というものを分析してみると、その中の大半が、神仏の加護ということである。そういうことがなくて、一人の人間の力だけであれだけの事業が成功するわけがないのである。だが、この運をつかむのもその人間の力である。運の強い男、たとえば松下のような人は、普段から運をつかむ準備ができているのである。運をつかむためには毎日の生活をキチンとしておく。自分の心に迷いが生じないようにしておくことが大切である。

経営者たるもの、人間の力ではどうにもできないことがあるということを、自覚しなければならない。そのためには、ふだんから陰徳を積み、運を招く努力をすることが大切である。

精神的支柱のない企業は衰退する

人間にとって、バックボーンが大切なように、企業にとってもそれは重要なものである。それが一本とおっている企業と、そうでない企業は、長い年月の間に天と地ほどの差ができてしまうのである。

私が大病して、信州の鹿教湯温泉病院《かけゆおんせんびょういん》でリハビリに専念していたときであった。峠を越えた向こうが青木村といって、そこに東急グループの創立者である五島慶太の生家があることを知ったのである。

ある初夏の一日であった。私は車でその生家を訪れたのであった。五島慶太のもとの姓は、小林といっていた。その本家を訪ねると、七十歳を超えた老婦人が家を守っていた。彼女は、五島慶太の姪だといった。彼女は、「慶太おじさんのお父さんは、大変信仰の厚い人でした」といった。私が、「信仰は何を?」と尋ねると、「日蓮宗です」といった。「もう朝から太鼓を叩いて、お題目を上げておりました。そして、上京していた慶太おじさんが帰ってくると、手を合わせて迎えるのでした。お題目を上げながら息子の出世、武運長久を祈っておりました」

五島慶太は、明治十五年（一八八二年）生まれ。東京帝国大学（現・東京大学）法学部を卒業後、官界に身を投じたが、もって生まれた事業家としての才能を発揮すべく、大正九年（一九二十年）に実業界に転身した。当時、三十八歳であった。

五島慶太の生まれた家は、その本家から車で十五分くらいの所にあった。わらぶきの一見、中農という感じの家であった。そこには、ススキが生い茂っていた。後に事業の鬼といわれ、自ら「俺は強盗慶太だ」といった、一代の事業の英雄が、ここで産声を上げたのであった。その家は、決して豊かではなかった。東京高等師範から東京帝国大学に進む。教師をしながら苦学したのであった。

五島慶太は大学を出て鉄道省に入った。そして、そこからまだ小さかった私鉄に入っていく。それからはもう苦難の連続であった。金策がつかなくて、息子の昇と自殺しようと思ったこともあった、という。だが、それらの苦難に屈することなく、企業買収をして事業をすすめていく。白木屋を買収し、三越にも手を伸ばしていく。これは失敗したが、果敢な買収攻撃力で事業を拡大していった。そのバックボーンになっていたのが仏教への信仰であった。

五島慶太は戦後追放されて、一時期、京都で隠遁生活《いんとんせいかつ》を送っていたことがあった。そのとき神社仏閣を訪ね歩いていた。五島は美術品を集めるのを趣味としていた。これらの収集作品が現在の五島美術館にある。

私は、そのとき、東急軍団の歴史的ルーツを発見した思いであった。その歴史的な東急軍団のルーツは信州であり、法華経ということになるのではなかろうか。

このような精神的なバックボーンのない企業は、永遠に栄えることはできない。たとえば、三井にしても三菱、住友にしても、きちんとしたルーツがある。それは、すべて宗教的ともいえる精神的な支柱なのだ。

企業のルーツを発見するのも経営者の大事な仕事である。このルーツともいうべき創業者を軽んじている企業は、まず発展は望めないであろう。

ある一夜、住友銀行副頭取からアサヒビール社長に転じた、樋口廣太郎の激励会があった。集まった人々は、野村證券社長田淵義久、鹿島建設会長石川六郎《いしかわろくろう》、博報堂会長近藤道《こんどうみち》生《たか》、日本電気（ＮＥＣ）社長関本忠弘《せきもとただひろ》、東レ社長伊藤昌寿《いとうよしかず》らであった。

私が主催するかたちで開かれたのであった。宴もたけなわとなったとき、樋口がしみじみと、

「うちの歴代の社長は、創業者を軽蔑していたんですね。だからジリ貧になっていく一方でした。これではいけないと思いましてね。僕は創業者のお墓におまいりして、徹底して調べたんです。なぜ軽蔑されたかというと、創業者ともいうべき初代社長の山本為三郎《やまもとためさぶろう》が、サントリーがビールを始めた年に、販売ネットワークを貸したのです。これを機に、赤字に転落してしまった。だから歴代社長は、創業者である山本を、心の底から軽蔑していたんです」

といった。

創業者に対してこういう仕打ちをしていたのでは、その事業が栄えるわけがない。そこで樋口が調査してみると、当時、山本は何回も断わった後に、関西財界の重鎮からぜひと頼まれて、やっと承諾していたことがわかったのである。樋口はそのことを社員に訴えて、創業者を尊敬するムードづくりをしたのであった。

まず、先祖ともいうべき創業者を大切にする。それが信仰のルーツでなければならない。樋口がそれを実行するようになると、それ以後、アサヒビールのシェアはジリジリ上がっ

ていったのである。

その話を樋口としていると、出席していた住友商事社長の伊藤正が、

「うちには〝浮利は追わず〟という住友家の家訓があるんです」

といった。それを聞いて一同シュンとなった。野村證券の田淵義久が、

「うちには創業者野村徳七の〝顧客とともに栄える〟というバックボーンがあるんです」

といえば、東レ社長の伊藤昌寿は、

「うちの中興の祖ともいうべき田代茂樹は、〝研究開発には思い切り投資をしよう〟といっていたんです。これがうちのルーツなんですね」

私はそこで、日本生命のルーツを話したのである。日本生命といえば、生保業界のリーディングカンパニーであり、新契約、保有契約とも世界一を誇り、その総資産は十兆円を突破する日本のトップ企業である。この日本生命をここまでに育て上げたのが、弘世現である。私は弘世が会長に退き、新社長に川瀬源太郎が就任したとき、弘世に、新社長に求めることは何か、とたずねたことがあった。すると弘世は、

「儲けることよりも、理想を持ち続けてもらいたい」

といったのである。私はこれを聞いて感動した。経営者というのは儲けたいものである。

だが、それが行きすぎると、何をやっても儲ければいいのだということになってしまう。まず企業というものは、理想を大きく掲げることが必要なのではないだろうか……。

弘世にまつわる話はまだある。私がかつて高野山に登ったとき、一つの碑文《ひぶん》があった。うしろを見ると、「昭和二十一年願主弘世現」と書いてある。そのことを弘世に聞くと、戦後、日本が敗けて廃墟になった。やはりこれからは、神仏の加護を受けなければ駄目なんだ、ということで高野山にお参りにいって、そして碑を建てたということである。

経営者を含め企業には、精神的なバックボーン、宗教がなければならない。私はここで特定の宗教をいっているのではない。少なくとも経営者は、自分の宗教、信仰を持たなければならない、ということをいっているのである。

真剣に祈っていると、心の安らぎを得ることができる。さらに祈っているときは、宇宙の大秩序と一体になることができる。そこから勇気と知恵が生まれてくるのである。

合理的発想だけでは人間経営はできない

戦後、アメリカの文化が怒濤《どとう》のように日本に流れ込んできた。精神主義一辺倒だった日本人にとって、アメリカの物質文明と、すべてを合理的に考える思考法は、新鮮そのものであった。その手法は経営にも導入され、それは従来の日本的経営と調和して、見事なほど成功したのである。すべてを合理的に考え、追求していく。私はそのことを否定はしない。だが、それだけでは経営はできないことも事実である。我々人間は、ある意味では不合理な部分を数多く持っている。その人間を合理主義一辺倒で管理すれば、必ず失敗する。

土光敏夫は、エンジニアであった。東京工業大学を出て、石川島播磨重工業に入社した。そして技術を突き詰めていく。四十歳の頃、土光は仕事に行き詰まってしまった。苦悩の果てに出会ったのが法華経であった。法華経を読んでいくと、そこには、限りなく広い世界が、大宇宙があった。彼は迷うことなく法華経の信者になっていった。

土光が、後に行革臨調の会長として、国民的な信頼を得た背景に、彼の宗教的な信念があったことを忘れてはならない。九十歳をすぎても、土光は朝晩お題目を上げ、如来寿量品を写経することを日課にしている。

あるときも、土光をその私邸に訪ね、歓談するひとときをもった。土光は、

「もうお迎えがきてもいいのに、なかなか招かれない」

といってさびしく笑っていた。

しかし、法華経を信じきっている土光は、死んでも死なないことを知っている。肉体の土光敏夫は滅びても、その魂は永遠に生きるということを知っているのだ。

もしあなたが信仰を持っていなければ、ぜひともあなた自身の信仰を持っていただきたいのである。そこから新しいあなたの経営者としての世界が広がっていく。そして不可能を可能にさせていく力が、そこから澎湃《ほうはい》としてわいてくる。

経営とは、煎じ詰めれば戦いである。その経営を戦い抜くには、そのバックボーンがなければならない。そこに〝祈り〟がなければならない。祈らなければならないということこそ、経営の極意かもしれない。

自分の弱さを誰よりも知るべし

宗教というと、何か自分の外に求めるものだと考えている人が多い。だが、宗教は外に求めるものではない。自分の内に求めるものである。

この章の始めで瀬島龍三のことを書いたが、かつて瀬島は、宗教について、

「私は、宗教というものは客観的に存在するのではなく、自分の心にあると思っています。難局に直面したとき、いちばん大事なことは、自分の心を統一させて、自分自身が迷わないことです。それを宗教に求めるか、他に方法を求めるかは、個人の考え方や育ってきた環境によって異なると思います。しかし、所詮、人間というものは弱い動物だから、世界の歴史を見ても、宗教に求めたといえますね」

と語ったことがあった。

この瀬島のことばの中には、経営者がつかまねばならないものがある。それは、経営者は迷ってはならないということである。いろいろな経営方針を考えることはよい。だが、考えるということと、迷うということは、〝似て非なる〟ものなのである。迷って着手したことは、そのほとんどが失敗しているはずである。あなたもそんな体験を持っているはずだ。迷ったらむしろやめるべきなのである。

そして、次に大事なことは、人間は弱い動物である、ということだ。フランスの哲学者ブレーズ・パスカルは、「人間は一茎の葦にすぎない。自然のうちで最も弱いものである。だが、それは考える葦である」と、その有名な著書『パンセ（瞑想録）』の中で書いているが、パスカルがいうまでもなく、我々は自分の弱さをよく知っている。経営者は、その人間の弱さを誰よりも知らなければならない。人間の弱さを知った人だけが祈ることができるのである。

祈りは、人に見せるためにするものではない。瀬島がいうように、自分の心の中から生まれるものである。日本に今いちばん欠けているのは心である。心を磨くことを忘れた経営者は、これからの激動の時代に生き残ることはできないであろう。

だが、私が宗教を持てといっても、それは宗教に頼れという意味ではない。あくまでも経営の根底にあるのは、〝自力本願〟である。すべて問題は、自力で解決できるものである。宗教や祈りは、あくまでも純粋なものでなければならない。現世利益を願う方法は、好ましいものではない。それを知ったうえで、自分の心を決めて欲しい。

パスカルは、人間は考える葦だ、といったが、信仰は頭で考えてわかるものではない。自らが苦しい状況に追い込まれ、追い立てられ、もう死ぬしかないと思ったときに、豁然《かつぜん》と体得することができる。そのためには、毎日の心掛けが大切である。ふだんから信仰心を育てているから、いざというとき、それに救われるのである。

昭和電工の鈴木治雄は、学生時代から眼病に悩まされ、何度となく失明の危機にさらされている。だがその度に鈴木は、「これも神が与えた試練だ！」と受け止め、克服してきたのである。

生かされている自分に目覚めよ

私はよく、大病してから人間が変わったといわれる。自分ではどこがどう変わったかよくわからない。大病前と違うことは、自分の体を思いやる気持ちが生まれたことである。

私と同じように大病した経営者に、三井住友銀行の小山五郎がいる。この方は、昔から心の温かい人であったが、大病してからはその温かさが一段と深まったような気がする。かつては、〝ケンカ五郎〟の異名をとった小山も、最近では〝ホトケの五郎〟になった感がある。この小山が、大病後の心境を私に次のように語ってくれた……。

「九死に一生を得たわけですから、本当に助かった、ということに対する幸福感、ほのぼのとした春先のような気持ちを感じた。それと同時に、生死というものが紙一重ということがわかった。向こう岸から帰ってこれた、三途《さんず》の川を渡ってきたのだから、何かをつかめたはずだ、ということを一所懸命思ってみたんですが、正直いって、夕べの床につくがごとしという従容《しょうよう》とした気持ちは持てない。健康が徐々に回復してくると、人間の本能だと思うんだが、生に対する欲望が出てきて、これは余命だと思いながらも、逆に命を断たれるというのは苦しいですね」

ここには人間小山五郎の真実がある。小山は口には出さないが、死の淵に立たされて何かを見たはずである。それは人間の弱さ、無力さかも知れない。もしあなたが生死の境を彷徨《さまよ》った体験を持っているなら、あなたは経営者として一流になれる資格がある。人は、生死紙一重のところに立たされたとき、本当の祈りというものをつかむことができる。

ふだんどんなに強いことをいっている人でも、その場に立たされると、何かに頼りたくなる。現代医学が無力とわかったとき、人は神に祈る。そういう状況になれば、誰でも自分に祈る心があることを知るのである。いみじくも小山は、〝生死は紙一重〟と喝破《かっぱ》したが、それは真実である。私も大病したからそのことがよくわかる。生きるも死ぬも、まさに紙一重である。

人間は自分の力で生きていると思っているが、本当は生かされているのだ。それがわかれば、すべてのことに感謝するようになる。そうなれば、物事を素直な眼で見ることができる。経営に必要なことは、素直な眼で時代の動き、人間の動きを見るところにある。そのためには、自分の生死ということを、常に心のどこかに持つことだ。そうすれば、自ずから冷静な判断が下せるようになるはずである。

※本書は１９８７年４月に弊社から刊行された『経営者心得帳』を加筆・修正し、再編集したものです。

<著者の紹介>

佐藤 正忠（さとう・せいちゅう）

昭和3年（1928年）、秋田県生まれ。

小学校代用教員を経て明治学院大学に学び、その間に易者のアルバイトをした経験を生かして、処女作『学生易者』でマスコミ界にデビュー。

その後、リコー社長・故市村清の知遇を得て秘書となる。

昭和39年（1964年）、フェイス出版（「経済界」の前身）を創立。

驚くべき顔の広さと卓抜した人間洞察力に裏付けられた人間味あふれる経済評論には定評がある。

現在、雑誌『経済界』主幹。著書多数。

新・経営者心得帳

2013年7月8日　初版第1刷発行

著者　佐藤正忠
発行人　佐藤有美
編集人　渡部周

ISBN978-4-7667-8548-7

発行所　株式会社　経済界
〒105-0001　東京都港区虎ノ門1-17-1
出版局　出版編集部☎03（3503）1213
出版営業部☎03（3503）1212
振替 00130-8-160266
http://www.keizaikai.co.jp

印刷　㈱光邦